Español Lengua Extranjera

A1

USO escolar

AULA DE GRAMÁTICA

M.ª Ángeles Palomino

Usa este código para acceder al

BANCO DE RECURSOS

disponible en

ELE digital

www.anayaeledigital.es

edelsa

AULA DE GRAMÁTICA A1

Uso escolar

TEMA	TÍTULO	CONTENIDO	PÁGINA
1	Vocales y consonantes	El alfabeto	4
2	América, Panamá, Argentina	El acento de las palabras	8
3	Uno, dos, tres...	Los números cardinales	12
4	Primero, segundo, tercero...	Los números ordinales	16
•	Autoevaluación 1		18
5	El profesor de Verónica ¿Tienes un bolígrafo?	El artículo: determinado e indeterminado	20
6	El profesor de chino y la profesora de Matemáticas	El nombre: masculino y femenino	22
7	Sara tiene dos gatitos	El nombre: singular y plural	26
•	Autoevaluación 2		30
8	Rubén es ordenado	El adjetivo: masculino y femenino	32
9	Las mascotas son simpáticas	El adjetivo: singular y plural	38
•	Autoevaluación 3		42
10	¿Quiénes son aquellas personas?	Los demostrativos	44
11	Mi padre se llama Emilio	Los posesivos	46
12	Mar estudia mucho y tiene muy buenas notas	Intensidad y cantidad: *muy, mucho/a/s*	48
•	Autoevaluación 4		50
13	La mesa está en la habitación Sobre la mesa hay muchas cosas	Existencia y situación: *hay/está(n)* Las preposiciones de lugar: *en, entre, sobre...*	52
14	A mí me gusta el monopatín	Hablar de gustos: el verbo *gustar*	58
•	Autoevaluación 5		62

Índice

1 El alfabeto

Vocales y consonantes

1. a. Escucha y observa el alfabeto.

Esta actividad se puede realizar en tuaulavirtual

Pista 1

A, B, C, D, E, F, G, H, I, J, K, L, M, N, Ñ,
O, P, Q, R, S, T, U, V, W, X, Y, Z.

C + H = CHE
L + L = ELLE

- El signo ~ sobre la *ñ* se llama tilde.

b. Escucha de nuevo y repite las letras.

2. Ahora completa la frase.

El alfabeto español tiene ______ letras: ______ vocales y ______ consonantes.

El teclado de tu tableta

3. Observa, escucha y rodea las teclas.

Esta actividad se puede realizar en tuaulavirtual

Pista 2

4. Observa y lee cómo se llaman las letras.

A, a	a
B, b	be
C, c	ce
D, d	de
E, e	e
F, f	efe
G, g	ge
H, h	hache
I, i	i

J, j	jota
K, k	ka
L, l	ele
M, m,	eme
N, n	ene
Ñ, ñ	eñe
O, o	o
P, p	pe
Q, q	cu

R, r	erre
S, s	ese
T, t	te
U, u	u
V, v	uve
W, w	uve doble
X, x	equis
Y, y	i griega o ye
Z, z	zeta

Los nombres de las letras son femeninos: *la* a, *la* b, *la* c...

5. Marca con una ✘ las respuestas correctas.

1 GE ☐ j ☐ g

2 BE ☐ b ☐ v

3 ELLE ☐ l ☐ ll

4 CE ☐ c ☐ s

5 YE ☐ y ☐ i

6 ENE ☐ ñ ☐ n

6. Une con flechas.

Pe, a, be, ele, o ○	○ Enrique
Ce, hache, a, erre, o ○	○ Victoria
Ce, a, erre, eme, e, ene ○	○ Charo
Uve, i, ce, te, o, erre, i, a ○	○ Pablo
E, ene, erre, i, cu, u, e ○	○ Carmen

7. Deletrea las palabras en voz alta. Escucha y comprueba.

Esta actividad se puede realizar en tuaulavirtual

Pista 3

8. a. Escucha y escribe el nombre de 10 ciudades españolas.

Esta actividad se puede realizar en tuaulavirtual

Pista 4

1 *La Coruña* ....
2 ....
3 ....
4 ....
5 ....
6 ....
7 ....
8 ....
9 ....
10 ....

Ciudades de España

b. Escribe los nombres de las ciudades en el mapa de España.

1

2

3

4

5

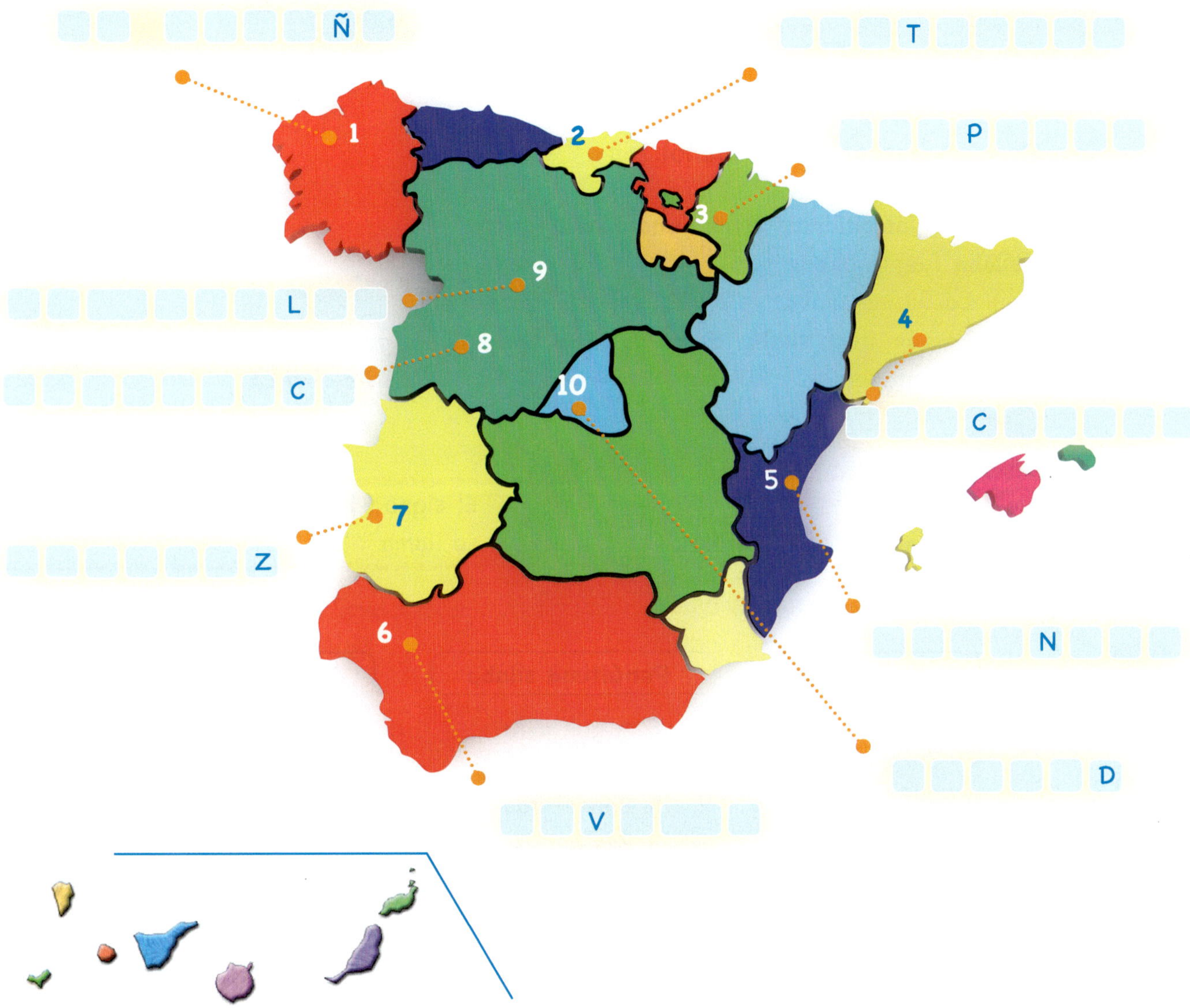

6

7

8

9

10

2 El acento de las palabras

América, Panamá, Argentina

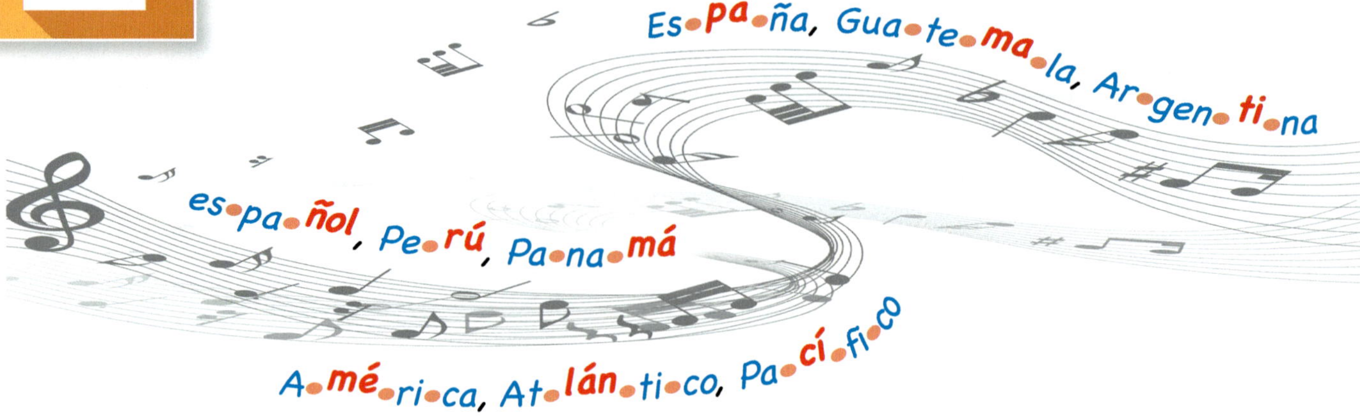

1. Lee las reglas de acentuación en español.

En español, las palabras tienen una sílaba fuerte.
La sílaba fuerte puede ser:

- La última sílaba: *es•pa•ñol, Pe•rú, Pa•na•má.*
- La penúltima sílaba: *Es•pa•ña, Gua•te•ma•la, Ar•gen•ti•na.*
- La antepenúltima sílaba: *A•mé•ri•ca, At•lán•ti•co, Pa•cí•fi•co.*

Apellidos españoles

2. a. Escucha y lee los apellidos españoles.

▸ El signo (´) sobre las vocales á, é, í, ó, ú se llama tilde.

Esta actividad se puede realizar en tuaulavirtual

Pista 5

Última sílaba	Penúltima sílaba	Antepenúltima sílaba
1 Na•dal	6 A•gui•le•ra	11 Cá•ma•ra
2 Pa•lo•mar	7 Del•ga•do	12 Cá•no•vas
3 Be•rro•cal	8 Ban•de•ras	13 Ál•va•rez
4 Or•tiz	9 Fer•nán•dez	14 Cés•pe•des
5 Mar•tín	10 Lo•za•no	15 Ex•pó•si•to

b. Escucha otra vez y repite. Levanta el brazo cuando oyes la sílaba fuerte.

3. Lee estos apellidos del ejercicio 1 en voz alta. Levanta el brazo cuando dices la sílaba fuerte. Escucha y comprueba.

Esta actividad se puede realizar en tuaulavirtual

Pista 6

Palomar • Ortiz • Banderas • Fernández • Expósito
Berrocal • Cánovas • Delgado • Lozano

4. Escucha y clasifica estos nombres.

Esta actividad se puede realizar en tuaulavirtual

Pista 7

Beatriz • Elena • Verónica • César • Amador • Rubén • Matilde • Ángel • David
Álvaro • Imanol • José • Arturo • Noemí • Penélope • Andrés • Víctor • Iñaki

POSICIÓN DE LA SÍLABA FUERTE

Última sílaba • • •

Con tilde	Sin tilde

Penúltima sílaba • • •

Con tilde	Sin tilde

Antepenúltima sílaba • • •

5. Ahora, observa las palabras del ejercicio 1 y relaciona con flechas.

1 Palabras con el acento en la última sílaba: ❍

2 Palabras con el acento en la penúltima sílaba: ❍

3 Todas las palabras con el acento en la antepenúltima sílaba: ❍

- ❍ No tienen tilde si terminan en consonante, excepto **n** y **s**.
- ❍ No tienen tilde si terminan en vocal, **n** o **s**.
- ❍ Tienen tilde.
- ❍ Tienen tilde si terminan en consonante, excepto **n** y **s**.
- ❍ Tienen tilde si terminan en vocal, **n** o **s**.

Ciudades españolas

6. a. Escucha los nombres de ciudades españolas y marca con una ✘ la casilla correcta.

Esta actividad se puede realizar en tuaulavirtual

Pista 8

		POSICIÓN DE LA SÍLABA FUERTE		
		Última sílaba	**Penúltima** sílaba	**Antepenúltima** sílaba
1	Salamanca	☐	☐	☐
2	Valladolid	☐	☐	☐
3	Cádiz	☐	☐	☐
4	Badajoz	☐	☐	☐
5	Córdoba	☐	☐	☐
6	El Ferrol	☐	☐	☐
7	Santander	☐	☐	☐
8	Toledo	☐	☐	☐
9	Albacete	☐	☐	☐
10	Cáceres	☐	☐	☐
11	Jerez	☐	☐	☐
12	Burgos	☐	☐	☐
13	Manacor	☐	☐	☐
14	Gijón	☐	☐	☐
15	Motril	☐	☐	☐

b. Escucha de nuevo y pronuncia los nombres en voz alta.

7. Pronuncia las palabras en voz alta. Luego, escucha y comprueba. Subraya la sílaba fuerte.

Esta actividad se puede realizar en tuaulavirtual

Pista 9

ANIMALES DE HISPANOAMÉRICA

1 el colibrí

2 el guacamayo

3 la llama

4 el pelícano

5 el tucán

6 el cóndor

7 el ocelote

8 la anaconda

9 el ñandú

8. Escucha las palabras y escribe los acentos necesarios.

Esta actividad se puede realizar en tuaulavirtual

Pista 10

1 telefono

2 caracol

3 kiwi

4 helado

5 bebe

6 pato

7 boligrafo

8 medico

9 tomate

10 reloj

11 arbol

12 hipopotamo

13 lapiz

14 platano

15 corazon

16 regalo

17 violin

18 mariquita

19 sofa

20 pastel

21 llaves

22 raton

23 pajaro

24 collar

25 piña

26 despertador

27 cafe

28 camara

3 Los números cardinales

Uno, dos, tres...

1. Observa y completa los números. Escucha y comprueba.

Esta actividad se puede realizar en tuaulavirtual

Pista 11

0	cero	10	diez	20	veinte
1	uno	11	once	21	veintiuno
2	dos	12	doce	22	veintidós
3	tres	13	trece	23	veintitrés
4	cuatro	14	catorce	24	veinti ______
5	cinco	15	quince	25	veinti ______
6	seis	16	dieciséis	26	veintiséis
7	siete	17	dieci ______	27	veinti ______
8	ocho	18	dieci ______	28	veinti ______
9	nueve	19	dieci ______	29	veinti ______

- Uno
  - \+ nombre masculino → un — *Tengo un hermano.*
  - \+ nombre femenino → una — *Tengo una hermana.*
- Veintiuno
  - \+ nombre masculino → veintiún — *Juan tiene veintiún años.*
  - \+ nombre femenino → veintiuna — *Tengo veintiuna amigas.*

2. Escucha y escribe los números en cifras.

Esta actividad se puede realizar en tuaulavirtual

Pista 12

1	______	4	______	7	______	10	______	13	______
2	______	5	______	8	______	11	______	14	______
3	______	6	______	9	______	12	______	15	______

3. Observa las letras en común entre 30 y 3, 40 y 4, 50 y 5, 60 y 6, 70 y 7, 80 y 8, 90 y 9. Une con flechas los números en cifras con los números en letras.

30 ○	○ sesenta	tres
40 ○	○ noventa	cuatro
50 ○	○ cuarenta	cinco
60 ○	○ setenta	seis
70 ○	○ treinta	siete
80 ○	○ ochenta	ocho
90 ○	○ cincuenta	nueve

4. **De 31 a 99, entre las decenas y las unidades, se usa *y*. Ejemplo: *36 = treinta y seis*.**
Escribe estos números en letras.

33	87 ....
75	48 ....
62	91 ....
96	54 ....

5. **Completa los números en letras e indica las 3 formas irregulares.**

Para formar las centenas, se usa el número correspondiente + cientos (+ nombre masculino) cientas (+ nombre femenino).

100	cien
200	doscientos, doscientas
300	______cientos, trescientas
400	cuatrocientos, cuatrocientas
500	quinientos, quinientas
600	______cientos, ______cientas
700	setecientos, setecientas
800	______cientos, ______cientas
900	novecientos, novecientas

- Ciento + unidad / decena
  109: ciento nueve. *142: ciento cuarenta y dos.*
- Cien + nombre / mil / millones
  *Cien años. Cien mil habitantes. Cien millones** de Km.*

** millón/millones + número → *un millón diez mil habitantes*
millón/millones + de + nombre → *dos millones de habitantes*

Y a partir de 1.000:

1.000 = mil
10.000 = diez mil
100.000 = cien mil
1.000.000 = un millón*

* *Millón* se escribe con tilde.
Millones se escribe sin tilde.

6. **Une con flechas.**

126 ○	○ siete mil ○	○ dos
1.520 ○	○ ciento ○	○ novecientos treinta
7.002 ○	○ veinticinco mil ○	○ setecientos dos
16.702 ○	○ cien mil ○	○ veintiséis
25.040 ○	○ mil ○	○ novecientos doce
100.930 ○	○ dieciséis mil ○	○ quinientos veinte
712.912 ○	○ seis millones ○	○ cuarenta
6.200.001 ○	○ setecientos doce mil ○	○ doscientos mil uno

7. **Escucha y escribe los números en letras.**

Esta actividad se puede realizar en tuaulavirtual

Pista 13

1 ....
2 ....
3 ....
4 ....

Los números cardinales: usos

8. Observa y escribe el número de la foto correspondiente en la tabla.

1 ▸ 

2 ▸ 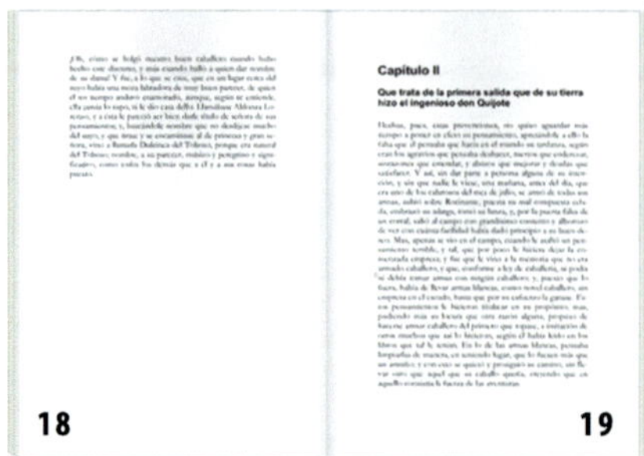

3 ▸ 

4 ▸ 

5 ▸ 

6 ▸ 

7 ▸ 

8 ▸ 

9 ▸ 

LOS NÚMEROS CARDINALES SE USAN PARA INDICAR:

▪ horas ☐	▪ edades ☐	▪ teléfonos ☐
▪ distancias ☐	▪ direcciones ☐	▪ fechas ☐
▪ números de páginas ☐	▪ cantidades ☐	▪ pesos ☐

9. Escucha y escribe los números de teléfono en cifras.

Esta actividad se puede realizar en tuaulavirtual

Pista 14

1 ....

2 ....

3 ....

4 ....

10. ¿Cuánto pesan? Escribe los números en letras.

1 el elefante 3.692 kilos
2 la ballena 107.509 kilos
3 el canario 18 gramos
4 el león 148 kilos
5 el hipopótamo 2.875 kilos

1 ....
2 ....
3 ....
4 ....
5 ....

Vuelta a España

11. Escucha y rodea la distancia correcta de cada etapa de la vuelta a España en moto. Luego, escribe las distancias en letras y calcula la distancia total.

Esta actividad se puede realizar en tuaulavirtual

Pista 15

1 Bilbao ⇨ Valladolid 283/383
2 Valladolid ⇨ Salamanca 131/121
3 Salamanca ⇨ Badajoz 292/392
4 Badajoz ⇨ Sevilla 209/207
5 Sevilla ⇨ Alicante 598/568
6 Alicante ⇨ Gerona 630/930
7 Gerona ⇨ Zaragoza 195/395
8 Zaragoza ⇨ Madrid 324/204

1 ....
2 ....
3 ....
4 ....
5 ....
6 ....
7 ....
8 ....

Total: .... kilómetros.

4 Los números ordinales

Primero, segundo, tercero...

1.° 2.° 4.° 6.° 7.° 9.° 10.°

Los números en tu vida cotidiana

1. Lee las frases y escribe los números ordinales en el recuadro.

A partir del 11.°, se usan los números cardinales.

Mis abuelos viven en el piso catorce.

	Masculino		Femenino
1.°	primero	1.ª	
2.°		2.ª	segunda
3.°	tercero	3.ª	
4.°	cuarto	4.ª	
5.°	quinto	5.ª	
6.°		6.ª	sexta
7.°	séptimo	7.ª	
8.°	octavo	8.ª	octava
9.°		9.ª	novena
10.°	décimo	10.ª	décima

- primero + nombre masculino singular → primer.
  Vivo en el primer piso.
- tercero + nombre masculino singular → tercer.
  Beatriz vive en el tercer piso.

Los vecinos del edificio Mirasol

2. Lee las afirmaciones y di si son verdaderas (V) o falsas (F). Corrige las falsas.

		V	F
1	Álex vive en el sexto piso.		
2	Beatriz vive en el noveno piso.		
3	Cristina vive en el tercer piso.		
4	Lucas vive en el cuarto piso.		
5	Lucía vive en el segundo piso.		
6	Mario vive en el octavo piso.		
7	Raúl vive en el séptimo piso.		
8	Rubén vive en el primer piso.		
9	Verónica vive en el décimo piso.		
10	Víctor vive en el quinto piso.		

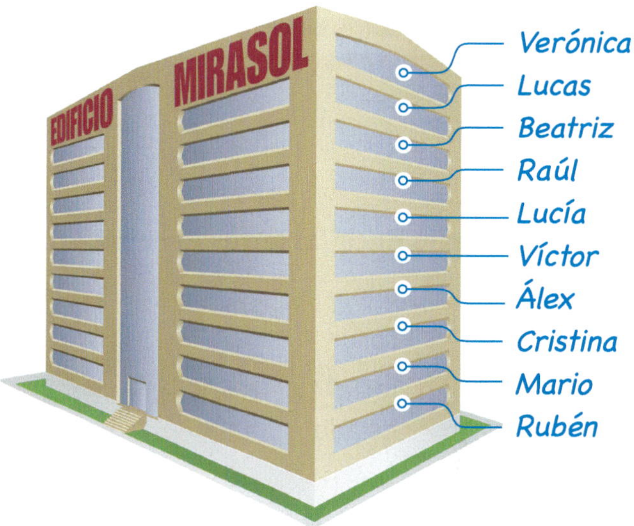

Correcciones ....

....

Todos mis primos

3. Escucha y escribe el nombre de cada primo.

Esta actividad se puede realizar en tuaulavirtual

Pista 16

AUTOEVALUACIÓN

Evalúa tus conocimientos

Fecha:

Temas 1, 2, 3 y 4

	NIVEL ALCANZADO: Muy bien	Bien	Suficiente	Insuficiente
▪ Puedo decir las letras del alfabeto y deletrear palabras.				
• reloj	☐	☐	☐	☐
• collar	☐	☐	☐	☐
• España	☐	☐	☐	☐
• helado	☐	☐	☐	☐
▪ Puedo localizar la sílaba fuerte de las palabras.				
• Madrid	☐	☐	☐	☐
• Salamanca	☐	☐	☐	☐
• Santander	☐	☐	☐	☐
• Toledo	☐	☐	☐	☐
▪ Puedo escribir números cardinales en letras.				
• 372	☐	☐	☐	☐
• 1.503	☐	☐	☐	☐
• 19.972	☐	☐	☐	☐
• 3.512.280	☐	☐	☐	☐
▪ Puedo decir los números ordinales.				
• 1.º	☐	☐	☐	☐
• 3.ª	☐	☐	☐	☐
• 5.º	☐	☐	☐	☐
• 10.ª	☐	☐	☐	☐

Ve a tuaulavirtual para hacer las actividades de refuerzo.

tuaulavirtual
amplía tus conocimientos on-line

A1

MULTIPLATAFORMA

AULA DE GRAMÁTICA

Uso escolar

Una plataforma visible en cualquier dispositivo: PC, Mac, tablets, Android e iPhone.

Todas las actividades con audio son interactivas y se encuentran en la plataforma tuaulavirtual.

www.edelsa.es

5 El artículo

El profesor de Verónica
¿Tienes un bolígrafo?

• El artículo determinado

1. Lee las frases anteriores y clasifica los artículos determinados en el cuadro.

ARTÍCULOS DETERMINADOS

	Masculino	Femenino
Singular		
Plural		

2. Escribe los artículos determinados.

1 la cereza ▪ ____ cerezas 2 ____ libro ▪ los libros 3 ____ cuaderno ▪ los cuadernos

4 ____ globo ▪ los globos 5 ____ silla ▪ las sillas 6 el kiwi ▪ ____ kiwis

7 ____ mochila ▪ las mochilas 8 la tortuga ▪ ____ tortugas 9 la camiseta ▪ ____ camisetas

El artículo indeterminado

3. Lee las frases anteriores y rodea los artículos indeterminados en el cuadro.

ARTÍCULOS INDETERMINADOS				
Masculino singular	un	una	unos	unas
Masculino plural	un	una	unos	unas
Femenino singular	un	una	unos	unas
Femenino plural	un	una	unos	unas

4. Escribe los artículos indeterminados.

1 una manzana ▪ ____ manzanas

2 ____ bolígrafo ▪ unos bolígrafos

3 ____ libro ▪ unos libros

4 ____ llave ▪ unas llaves

5 una galleta ▪ ____ galletas

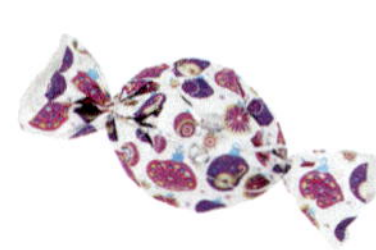

6 un caramelo ▪ ____ caramelos

6 El nombre: masculino y femenino

El profesor de chino y la profesora de Matemáticas

1. Lee estas palabras. Luego, marca con una ✘ las casillas correctas.

- el libro
- la edad
- la compañera
- el teléfono
- el siete
- la s
- la canción
- la a
- el viernes
- la página
- el violeta
- el treinta
- el profesor
- el instituto
- el tres
- el sábado
- la actividad
- el blanco
- el alfabeto
- la letra
- el rotulador
- el amigo
- el ejercicio
- el quince
- la información
- el marrón
- el martes

Tú descubres la regla.

• Las palabras terminadas en -o* son	☐ masculinas	☐ femeninas
• Las palabras terminadas en -a** son	☐ masculinas	☐ femeninas
• Las palabras terminadas en -dad son	☐ masculinas	☐ femeninas
• Las palabras terminadas en -or*** son	☐ masculinas	☐ femeninas
• Las palabras terminadas en -ción son	☐ masculinas	☐ femeninas
• Los nombres de las letras son	☐ masculinos	☐ femeninos
• Los nombres de los números son	☐ masculinos	☐ femeninos
• Los nombres de los colores son	☐ masculinos	☐ femeninos
• Los nombres de los días de la semana son	☐ masculinos	☐ femeninos

*** / *** Excepciones**

- la mano

- la moto

- la foto

- la flor

**** Excepciones**

- el día (lunes, martes...)
- el idioma (el español, el inglés...)

- el mapa

2. Escribe el nombre de…

1 dos números
2 dos colores
3 dos días de la semana
4 dos letras

3. Observa y escribe las palabras en el cuadro.

1 pájaro

2 rana

3 pintor

4 zumo

5 araña

6 archivador

7 equitación

8 nacionalidad

9 natación

10 pera

11 abanico

12 despertador

Masculino	Femenino

4. a. Lee las palabras y marca con una ✗ la casilla correcta.

diálogo (1) • pregunta (2) • actividad (3) • número (4) • ilustración (5) • música (6) • color (7) • nacionalidad (8)

lengua (9) • asignatura (10) • plátano (11) • comunicación (12) • regalo (13) • educación (14) • comedor (15) • canción (16)

	M	F
1		
2		
3		
4		

	M	F
5		
6		
7		
8		

	M	F
9		
10		
11		
12		

	M	F
13		
14		
15		
16		

b. Ahora, busca la traducción a tu idioma de las palabras nuevas.

....

....

- Las palabras terminadas en **-e** pueden ser **masculinas** o **femeninas**.

el chocolate

el tomate

la llave

la nieve

5. ¿Conoces estas palabras? Escribe ***el*** o ***la***.

1 ___ coche

2 ___ leche

3 ___ elefante

4 ___ serpiente

5 ___ estuche

6 ___ tele

Vivo en Madrid.

7 ___ frase

Pedro

8 ___ nombre

9 ___ carne

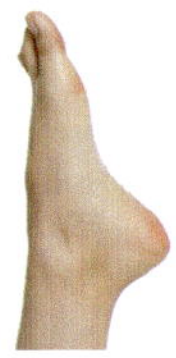

10 ___ pie

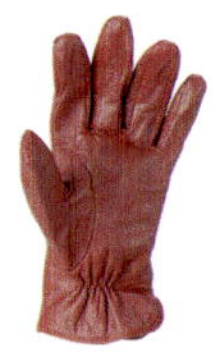

11 ___ guante

12 ___ billete

Ahora, comprueba tus respuestas en el diccionario.

Formación del femenino

la alumna, el alumno

el doctor, la doctora

6. Observa las palabras anteriores y completa el cuadro.

Masculino	Femenino
Palabras terminadas en -o	-o → ___
Palabras terminadas en -or	+ ___

- Las palabras terminadas en *-ante* y en *-ista* son masculinas y femeninas.
  el estudiante, la estudiante   *el futbolista, la futbolista*

7. Escribe el femenino o el masculino.

1 el guitarrista
la

2 la cantante
el

3 la gata
el

4 el jugador de baloncesto
la

5 la tenista
el

6 el estudiante
la

7 la chica
el

8 el abuelo
la

9 la nadadora
el

8. Escucha y escribe las palabras. Luego, escribe el femenino. Busca la traducción a tu idioma en el diccionario.

Esta actividad se puede realizar en tuaulavirtual

Pista 17

	Masculino		Femenino	Traducción
1		→		....
2		→		....
3		→		....
4		→		....
5		→		....
6		→		....
7		→		....
8		→		....

7 El nombre: singular y plural

Sara tiene dos gatitos

1. a. Une con una flecha las palabras en ***singular*** y en ***plural***.

los caracoles ○	○ la gorra	
los perros ○	○ el rey	
los relojes ○	○ el reloj	
las gorras ○	○ el caracol	
los coches ○	○ el perro	
los reyes ○	○ el coche	

	el pincel ○	○ las nueces
	el pez ○	○ las mujeres
	la mujer ○	○ los tenedores
	la nuez ○	○ los pinceles
	la pera ○	○ los peces
	el tenedor ○	○ las peras

b. Observa cómo terminan las palabras anteriores y completa la casilla ______ de la columna Plural del cuadro. Luego, escribe las palabras del ejercicio anterior en el cuadro.

SINGULAR		PLURAL	
Palabras en vocal		+ ______	
______	______	______	______
______	______	______	______
Palabras en consonante*(excepto z)		+ ______	
______	______	______	______
______	______	______	______
______	______	______	______
Palabras en z		-z → -c + ______	
______	______	______	______

* Excepción ▪ *el jersey → los jerseys*

2. Escucha las palabras y marca con una ✘ la casilla correcta (S = singular, P = plural).

Esta actividad se puede realizar en tuaulavirtual

Pista 18

	S	P		S	P		S	P		S	P
1	☐	☐	5	☐	☐	9	☐	☐	13	☐	☐
2	☐	☐	6	☐	☐	10	☐	☐	14	☐	☐
3	☐	☐	7	☐	☐	11	☐	☐	15	☐	☐
4	☐	☐	8	☐	☐	12	☐	☐	16	☐	☐

3. Escribe los ***plurales***.

1 la tortuga
las ______

2 el rotulador
los ______

3 el kiwi
los ______

4 el árbol
los ______

5 el lápiz
los ______

6 el sombrero
los ______

7 la mitad
las ______

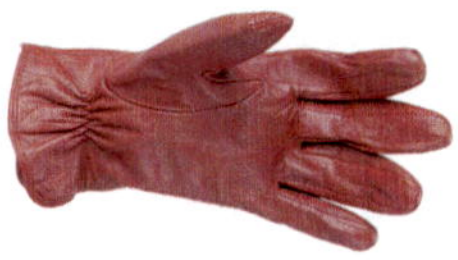

8 el guante
los ______

9 el móvil
los ______

10 el buey
los ______

11 el yogur
los ______

12 la lombriz
las ______

13 la mariposa
las ______

14 el número
los ______

15 la flor
las ______

16 la bicicleta
las ______

17 el hospital
los ______

18 la actriz
las ______

- Los nombres de los días de la semana terminados en *-s* no cambian en plural.

el lunes → los lunes

4. Escribe los nombres de los días de la semana en *plural*.

1 lunes → ______
2 martes → ______
3 miércoles → ______
4 jueves → ______
5 viernes → ______
6 sábado → ______
7 domingo → ______

El blog de Pedro

5. Completa el texto con las palabras de la lista en plural.

archivador • idioma • martes • lápiz • sábado • año
libro • asignatura • amigo • cuaderno • domingo • ordenador ✓

EL BLOG DE PEDRO

Inicio | **Acerca de**

Hola • Hola • Hola • Hola • Hola • Hola • Hola

Hola, me llamo Pedro y tengo doce ______.
Vivo en Segovia. En el instituto tengo tres ______: Lucas, Borja y Santi. Estudio dos ______: inglés y francés.

Mis ______ favoritas son la Tecnología y la Música. Tengo Tecnología y Música los ______. Los ______ y los ______ no tengo clase.

Mi mesa

En mi mesa tengo:

1 *ordenador*
2 ______
3 ______
4 ______
5 ______

- Las palabras terminadas en *-ín* / *-ón* no tienen tilde en el plural.

el violín → los violines

el limón → los limones

6. Escucha y completa las palabras con *-ín* o con *-ón*. Luego, escribe el plural.

Esta actividad se puede realizar en tuaulavirtual

Pista 19

1 el tibur___
los ___

2 el coj___
los ___

3 el trasport___
los ___

4 el rat___
los ___

5 el monopat___
los ___

6 el buz___
los ___

7. Escribe el *singular*. No olvides las tildes.

1 los calcetines
el ___

2 los balones
el ___

3 los maletines
el ___

4 los delfines
el ___

5 las ilustraciones
la ___

6 los aviones
el ___

AUTOEVALUACIÓN

Evalúa tus conocimientos

Fecha:

Temas 5, 6 y 7

	NIVEL ALCANZADO: Muy bien	Bien	Suficiente	Insuficiente
▪ Puedo utilizar los artículos determinados e indeterminados.				
• caramelo				
• ciudades				
• mochila				
• libros				
▪ Puedo decir si una palabra es femenina o masculina por su terminación.				
• canción				
• archivador				
• nacionalidad				
• cuaderno				
▪ Puedo decir el género de las siguientes palabras.				
• los días de la semana				
• los colores				
• las letras				
• los números				
▪ Conozco palabras terminadas en *–e* masculinas y femeninas.				
• hombre				
• tele				
• leche				
• chocolate				
▪ Puedo poner los nombres en femenino.				
• el profesor				
• el estudiante				
• el deportista				
• el compañero				
▪ Puedo poner los nombres en plural.				
• rey				
• reloj				
• chica				
• llave				
• gato				
• balón				
• pez				

Ve a tuaulavirtual para hacer las actividades de refuerzo.

tuaulavirtual

amplía tus conocimientos on-line

A1

MULTIPLATAFORMA

AULA DE GRAMÁTICA

Uso escolar

Una plataforma visible en cualquier dispositivo: PC, Mac, tablets, Android e iPhone.

Todas las actividades con audio son interactivas y se encuentran en la plataforma tuaulavirtual.

www.edelsa.es

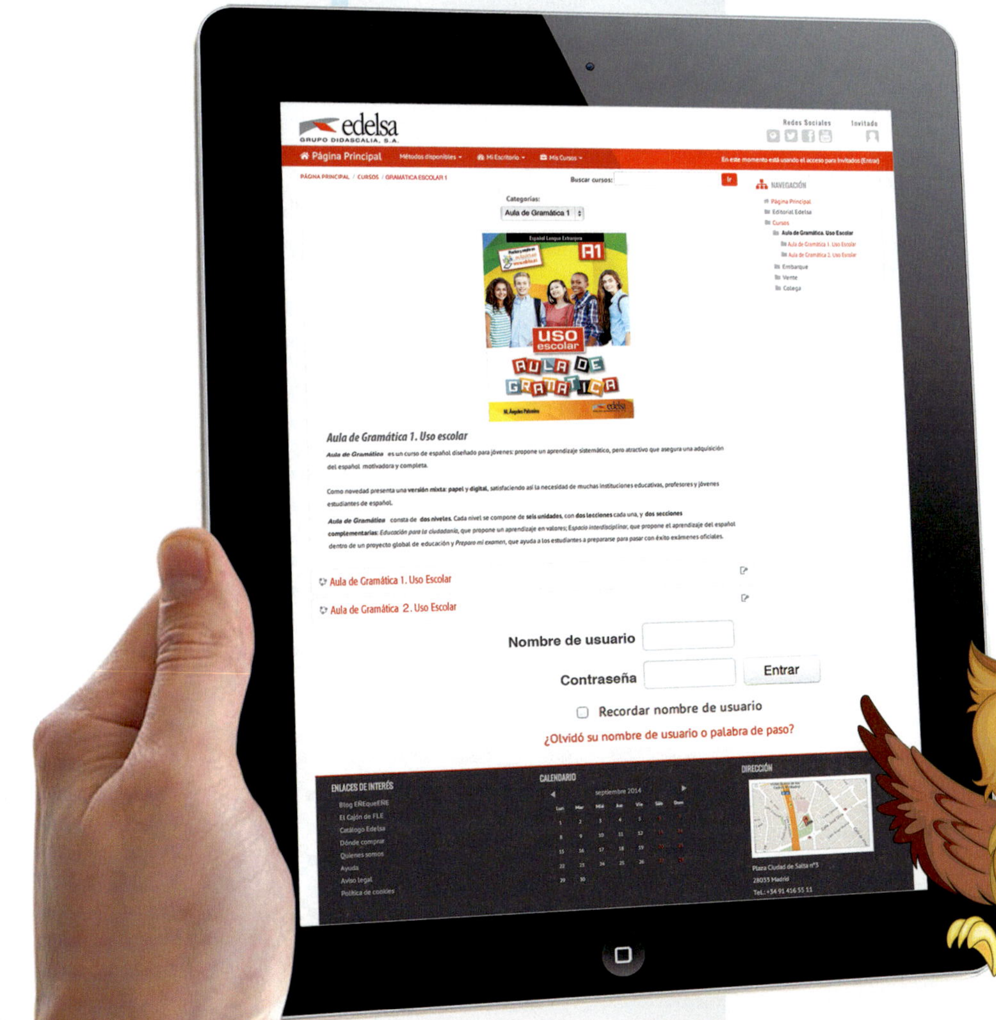

8 El adjetivo: masculino y femenino

Rubén es ordenado

1. a. Lee las frases y escribe los ***adjetivos*** anteriores en el cuadro.

Masculino	Femenino
gracioso	
pequeño	
	ordenada
	rubia
grande	
	trabajadora
	deportista

b. Ahora, completa la regla.

MASCULINO	FEMENINO
Adjetivos terminados en -o	-o →
Adjetivos terminados en -e	masculino =
Adjetivos terminados en -or	+
Adjetivos terminados en -ista	masculino =

2. a. Escucha y escribe los adjetivos en el cuadro correcto.

Esta actividad se puede realizar en tuaulavirtual

Pista 20

Adjetivos en -o	Adjetivos en -e	Adjetivos en -or	Adjetivos en -ista

b. Busca la traducción de las palabras nuevas en el diccionario.

....

c. Escribe los adjetivos de los cuadros en femenino.

....

....

d. Ahora, completa las frases con 6 adjetivos de los ejercicios anteriores.

1 ¿Tienes correo ____________?
2 Marina es ____________ y saca buenas notas.
3 El libro es ____________.
4 Mi amiga Lola es ____________: juega al tenis y al baloncesto.
5 ¿Cuál es tu asignatura ____________?
6 Mario tiene el pelo ____________.

3. Escucha y escribe los adjetivos. Indica si son masculinos, femeninos o masculinos y femeninos. Busca la traducción de las palabras nuevas en el diccionario.

Esta actividad se puede realizar en tuaulavirtual

Pista 21

		M	F	M/F	Traducción
1					....
2					....
3					....
4					....
5					....
6					....
7					....
8					....
9					....
10					....

4. Escribe el masculino o el femenino. Une los adjetivos contrarios con flechas.

Masculino	Femenino			Masculino	Femenino
egoísta		○	○		morena
	alta	○	○	vago	
largo		○	○		generosa
	trabajadora	○	○	grande	
rubio		○	○		corta
	pequeña	○	○	bajo	

Cristina y Hugo son hermanos

5. Completa las frases con 8 adjetivos del ejercicio 4.

Cristina es _ _ _ _ .
(1,67 m)

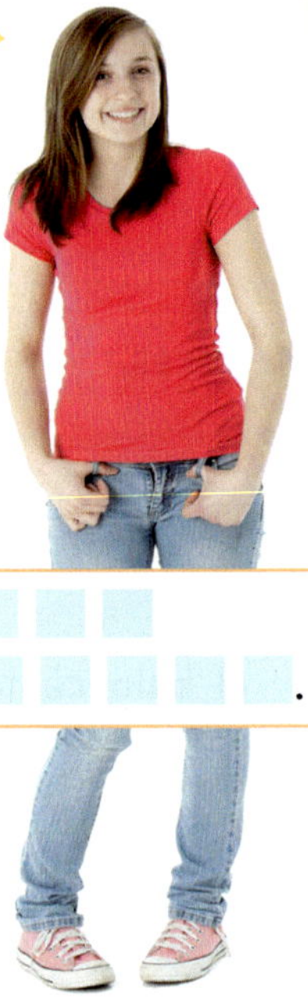

Es _ _ _ _ _ _
y tiene el pelo _ _ _ _ _ .

Hugo es _ _ _ _ _
y tiene el pelo _ _ _ _ _ .

Es _ _ _ _ _ _ _ _ .

Es _ _ _ _ .

Su oso de peluche es
_ _ _ _ _ _ .

- primero / tercero + nombre masculino singular → primer/tercer.
  Hoy es el primer día de las vacaciones. Vives en el tercer piso.
- grande + nombre singular → gran.
  Brasil es un gran país. Madrid es una gran ciudad.

6. Marca con una ✗ el adjetivo correcto.

1 Tengo un perro, es ☐ grande / ☐ gran.
2 Hoy tenemos el ☐ tercero / ☐ tercer examen de Matemáticas.
3 Vivo en el segundo piso y mi amigo Alfonso, en el ☐ primero / ☐ primer.
4 El aula tiene una ☐ grande / ☐ gran pizarra digital.
5 El martes jugamos el ☐ primero / ☐ primer partido de baloncesto.

Adjetivos de color

¿Recuerdas el nombre de los colores?

7. Pinta los círculos del color correspondiente.

Masculino				Femenino			
Adjetivos terminados en -o				-o → -a			
amarillo	rojo	negro	blanco	amarilla	roja	negra	blanca

violeta rosa naranja

gris marrón verde azul

¿De qué color es?

8. Completa las frases.

La pelota de tenis es ____________.

La castaña es ____________.

La leche es ____________.

El tomate es ____________.

La lavanda es ____________.

El cerdito es ____________.

El café es ____________.

El océano es ____________.

El elefante es ____________.

El balón de baloncesto es ____________.

La manzana es ____________.

9. Escucha. ¿Verdaderas (V) o falsas (F)? Corrige las frases falsas.

Esta actividad se puede realizar en tuaulavirtual

Pista 22

1 la piña

2 la avellana

3 el gorro de Papá Noel

4 el jamón de York

5 el balón de fútbol

6 la mora

	V	F
1		
2		
3		
4		
5		
6		

Correcciones ....

....

....

• Adjetivos de nacionalidad

Personajes europeos

10. a. Lee qué hace cada alumno en clase de Lengua.

David visita la página web de la física francesa Marie Curie y de la actriz alemana Marlene Dietrich.

María busca información sobre el escritor francés Julio Verne y el inventor británico Alexander Graham Bell.

Carlos busca información sobre la diseñadora de moda española Agatha Ruiz de la Prada y el pintor italiano Leonardo Da Vinci.

José visita el perfil de Facebook del tenista español Rafa Nadal y de la cantante italiana Laura Pausini.

Nuria busca información sobre la escritora británica J. K. Rowling y el músico alemán Beethoven.

b. Observa las nacionalidades en masculino y en femenino y completa el cuadro.

MASCULINO	FEMENINO
Adjetivos terminados en **-o**	**-o** → **-a**
Adjetivos terminados en **consonante**	**+ a**

- La tilde (´) en la última sílaba desaparece en femenino.
  francés → *francesa*
  alemán → *alemana*

El mundo

11. Escucha y escribe los adjetivos en masculino. Luego, escribe los femeninos.

Esta actividad se puede realizar en tuaulavirtual

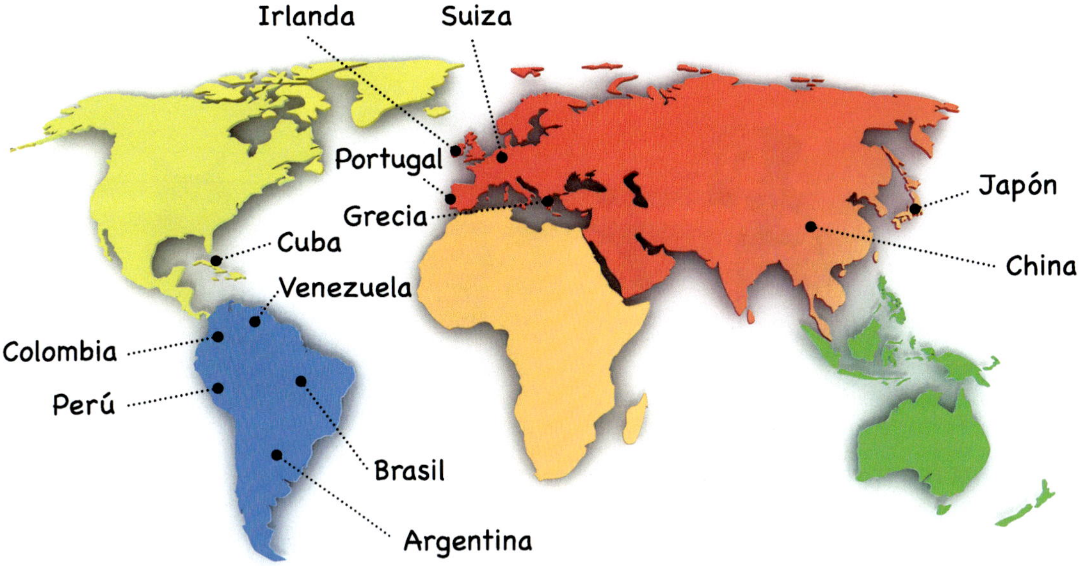

	Masculino	Femenino
1 Argentina		
2 Brasil		
3 Cuba		
4 Grecia		
5 Japón		
6 Portugal		
7 Suiza		
8 Venezuela		
9 China		
10 Colombia		
11 Irlanda		
12 Perú		

Los países

12. Encuentra los países en la cadena de palabras y escríbelos.

(Observa las letras en verde de los adjetivos).

ESPAÑAESTADOSUNIDOSALEMANIABÉLGICAFRANCIACANADÁITALIAMARRUECOS

1 ....

2 ....

3 ....

4 ....

5 ....

6 ....

7 ....

8 ....

Otros adjetivos

- *belga, belga*
- *canadiense, canadiense*
  estadounidense, estadounidense
- *marroquí, marroquí*

9 El adjetivo: singular y plural

Las mascotas son simpáticas

Estas son las mascotas de los amigos de Álex

1. Lee los textos y escribe los adjetivos en el cuadro.

Pedro tiene una perrita blanca y marrón y un gatito gris. Son cariñosos.

Sus orejas son grandes.

Sus patitas son blancas.

María tiene tres gatitos grises. Tienen los ojos azules.

Elena tiene un bóxer muy grande y cariñoso.

Marina tiene dos perritas marrones.

Tienen un balón azul.

SINGULAR	PLURAL
Adjetivos terminados en vocal	+ -s
Adjetivos terminados en consonante	+ -es

La tilde (´) en la última sílaba desaparece en plural: *marrón* → *marrones*

2. Escucha y marca el adjetivo con una ✗.

Esta actividad se puede realizar en tuaulavirtual

Pista 24

1	❑ generoso ❑ generosos	4	❑ español ❑ españoles	7	❑ simpático ❑ simpáticos
2	❑ soñador ❑ soñadores	5	❑ inteligente ❑ inteligentes	8	❑ favorita ❑ favoritas
3	❑ morena ❑ morenas	6	❑ pelirroja ❑ pelirrojas	9	❑ excelente ❑ excelentes

3. <u>Subraya</u> 6 adjetivos en singular en la cadena de palabras. Pon los adjetivos en plural.

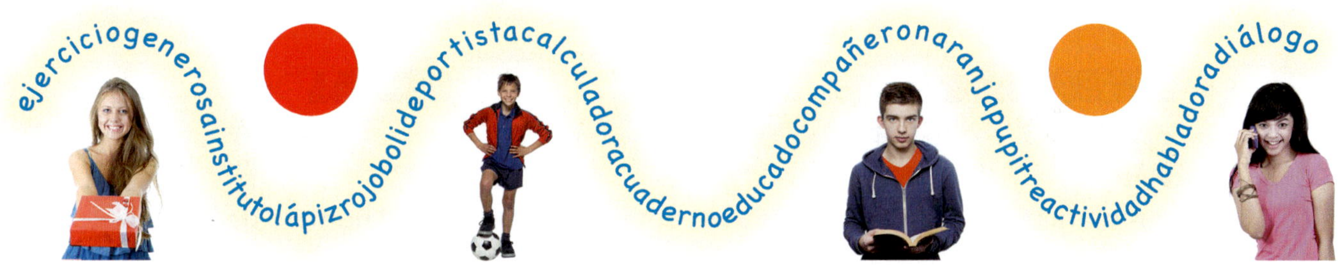

1 ______ 2 ______ 3 ______
4 ______ 5 ______ 6 ______

4. Escribe los adjetivos de la columna de la derecha en plural. Luego, une con flechas las frases y los adjetivos.

Los ojos de la rana son ○ → ○ marrón: *marrones*.
El gato y el perro son ○
Los perros son ○
Las plumas del periquito son ○
Las orejas del perro son ○

○ larga ______.
○ azul ______.
○ marrón *marrones*.
○ gracioso ______.
○ inteligente ______.

5. Escucha y escribe los adjetivos en plural.

Esta actividad se puede realizar en tuaulavirtual

Pista 25

1 ....
2 ....
3 ....
4 ....
5 ....
6 ....
7 ....
8 ....
9 ....
10 ....

6. ¿Sabes qué significan estos adjetivos?

a. Escribe la traducción a tu idioma.

b. Escribe el plural.

1 PEQUEÑO a .... b
2 VAGA a .... b
3 DIGITAL a .... b
4 PREFERIDO a .... b
5 TRABAJADOR a .... b
6 VERDE a .... b
7 DIFÍCIL a .... b
8 NUEVO a .... b
9 BUENA a .... b
10 GENIAL a .... b

7. Ahora, completa las frases con los adjetivos anteriores. (Observa el número de letras).

1 Las canciones de Shakira son ________.
2 En el instituto estudiamos con libros _________.
3 Las Matemáticas son _________.
4 Marcos y Bea son ____________ y sacan ______ notas.
5 Mis libros __________ son los libros de ciencia ficción de Julio Verne.
6 ¿Cómo se llaman los ______ profesores de Ciencias y de Tecnología?
7 Los patios de nuestro instituto son ________.
8 Mi abuelo lleva gafas ______.
9 Mis hermanas son _____, no hacen los deberes.

Las nacionalidades

8. Transforma las frases como en el modelo.

- Helen es estadounidense. / Mary y Caroline

  Mary y Caroline también son estadounidenses.

- Céline es canadiense. / Julie y Sophie

- Pierre es francés. / Lucas y Alexandre

- Karl es alemán. / Dieter y Friedrich

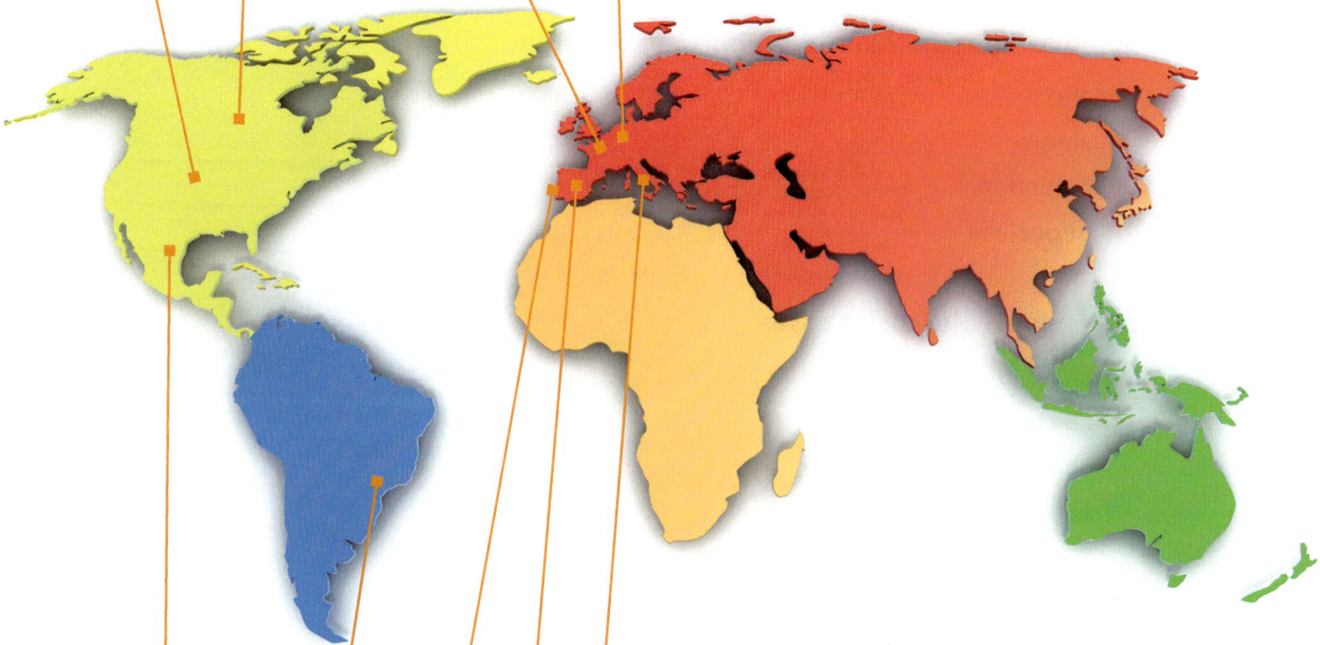

- Laura es italiana. / Carla y Gina

- Olga es española. / Teresa y Marisa

- Mario es portugués. / Alfonso y Cristiano

- Darío es argentino. / Mónica y Beatriz

- Cristina es mexicana. / Pedro y Alejandro

- *marroquí → marroquíes*

AUTOEVALUACIÓN

Evalúa tus conocimientos

Fecha:

Temas 8 y 9

NIVEL ALCANZADO: Muy bien · Bien · Suficiente · Insuficiente

- **Puedo poner los adjetivos masculinos en femenino.**
  - alto
  - alegre
  - hablador
  - deportista

- **Puedo decir el color de las cosas.**
  - El Sol es
  - La Luna es
  - La fresa es
  - El café es

- **Puedo escribir el masculino de estas nacionalidades.**
  - alemana
  - belga
  - canadiense
  - española

- **Puedo poner los adjetivos en plural.**
  - azul
  - grande
  - inglés
  - bajo

Ve a tuaulavirtual para hacer las actividades de refuerzo.

tuaulavirtual

amplía tus conocimientos on-line

A1

MULTIPLATAFORMA

AULA DE GRAMÁTICA

Uso escolar

Una plataforma visible en cualquier dispositivo: PC, Mac, tablets, Android e iPhone.

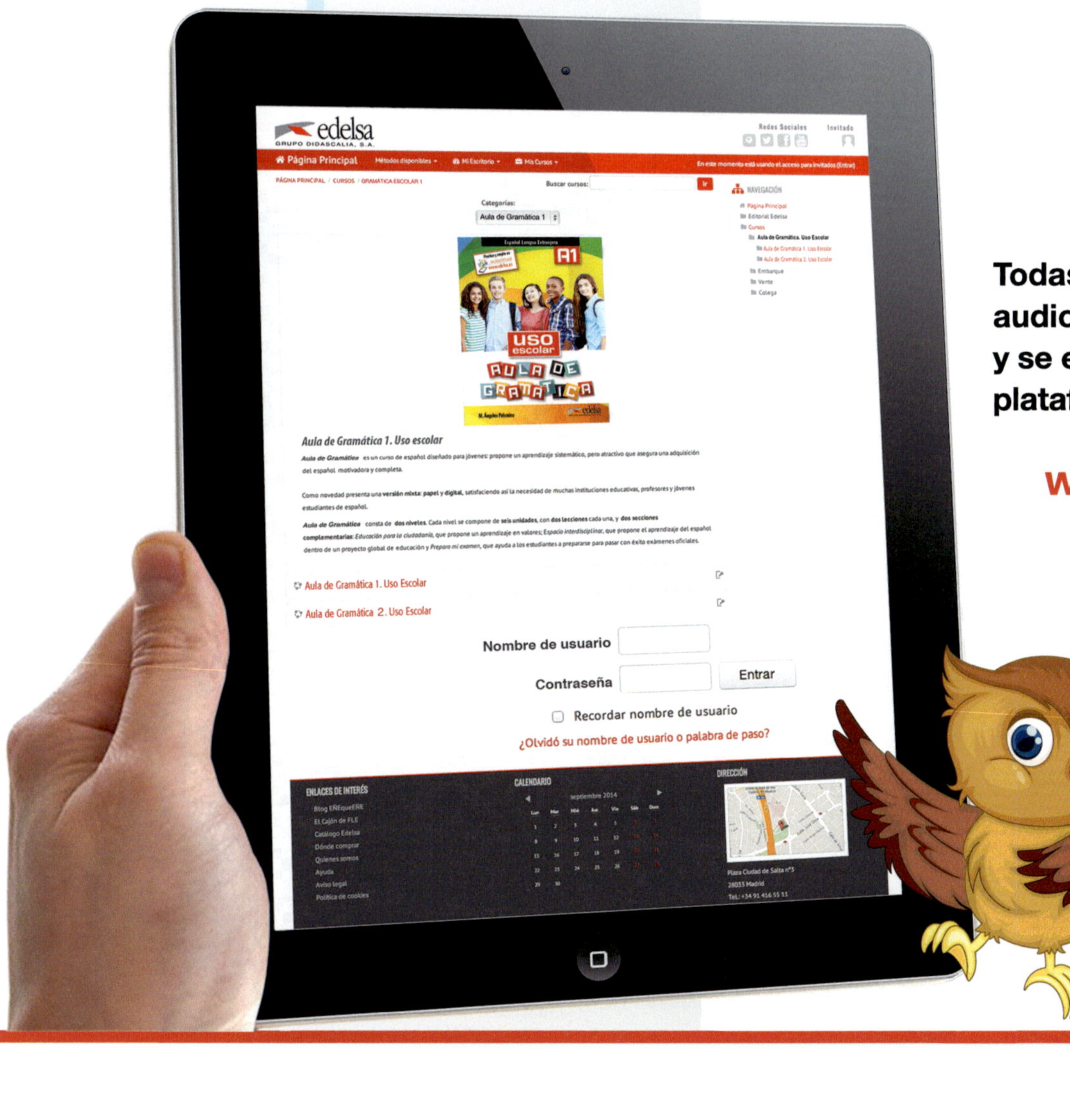

Todas las actividades con audio son interactivas y se encuentran en la plataforma tuaulavirtual.

www.edelsa.es

¡Regístrate!

10 Los demostrativos

¿Quiénes son aquellas personas?

1. Lee las frases anteriores y marca las casillas correctas: masculino singular (MS), masculino plural (MP), femenino singular (FS) o femenino plural (FP).

	MS	MP	FS	FP		MS	MP	FS	FP
• aquella	☐	☐	☐	☐	• esa	☐	☐	☐	☐
• aquel	☐	☐	☐	☐	• esos	☐	☐	☐	☐
• aquellos	☐	☐	☐	☐	• esta	☐	☐	☐	☐
• aquellas	☐	☐	☐	☐	• este	☐	☐	☐	☐
• esas	☐	☐	☐	☐	• estas	☐	☐	☐	☐
• ese	☐	☐	☐	☐	• estos	☐	☐	☐	☐

2. a. Observa. ¿Sabes qué significan ***aquí***, ***ahí***, ***allí***? Escribe la traducción a tu idioma.

aquí (cerca) ______ **ahí** (lejos) ______ allí (muy lejos) ______

b. Con relación a la chica, indica los demostrativos que van con objetos, animales y personas.

aquí				
ahí				
allí				

3. Escucha y marca con ✗ la frase correcta.

Esta actividad se puede realizar en tuaulavirtual

Pista 26

1 ☐ ese bolígrafo ☐ este bolígrafo	**3** ☐ esa señora ☐ esas señoras	**5** ☐ esta silla ☐ estas sillas
2 ☐ aquella chica ☐ aquellas chicas	**4** ☐ esos animales ☐ estos animales	**6** ☐ estos libros ☐ esos libros

4. Completa con el demostrativo y el nombre de la persona o cosa, como en el modelo. Observa los números y los colores.

1 el pastel

2 las zapatillas

3 el autobús

4 los libros

5 la anciana

6 la moto

7 los chicos

8 las cajas

Aquella (5) *anciana* es mi abuela.

1 ¡Ñam, ñam! Me gusta ______ (1) ______.
2 ¿______ (3) ______ pasa por la piscina?
3 ¿Llevo ______ (4) ______ a la biblioteca?
4 ______ (2) ______ son de Fran.
5 ¿Qué hay en ______ (8) ______?
6 ¡______ (6) ______ es muy rápida!
7 ¿Jugamos al baloncesto con ______ (7) ______?

Aquí

Ahí

Allí

11 Los posesivos

Mi padre se llama Emilio

1. Lee las frases anteriores y escribe los *posesivos* en el cuadro.

	SINGULAR		PLURAL	
	Masculino	Femenino	Masculino	Femenino
yo		mi		mis
tú	tu		tus	tus
usted	su	su	sus	sus
él/ella	su	su	sus	
nosotros/as	nuestro		nuestros	nuestras
vosotros/as		vuestra	vuestros	vuestras
ustedes	su	su	sus	sus
ellos/ellas	su	su	sus	sus

2. Escucha y marca con ✗ la frase correcta (S = singular, P = plural).

Esta actividad se puede realizar en tuaulavirtual

Pista 27

	S	P		S	P
1	☐	☐	6	☐	☐
2	☐	☐	7	☐	☐
3	☐	☐	8	☐	☐
4	☐	☐	9	☐	☐
5	☐	☐	10	☐	☐

3. Escribe el posesivo, como en el modelo.

1 el perro / yo ......*mi perro*......
2 los profesores / nosotros ....
3 el balón / Juan ....
4 el instituto / vosotras ....
5 la mochila / yo ....
6 las compañeras / Elena y Marta ....
7 la moto / usted ....
8 los amigos / yo ....
9 las hermanas / Carolina ....
10 los libros / vosotros ....
11 la casa / ustedes ....
12 el lápiz / tú ....
13 el coche / mis padres ....
14 los hermanos / nosotros ....
15 la bicicleta / tú ....

4. Completa las frases con el posesivo adecuado.

1 Carolina, ¿cuántos años tienen ______ hermanas?
2 Los domingos voy a casa de ______ abuelos con ______ padre.
3 ¿Cuál es ______ deporte favorito, señor Sierra?
4 Hola, Alberto, te presento a ______ primas.
5 Verónica, ¿me prestas ______ mochila, por favor?
6 Raúl y Santi hablan con ______ profesor de Matemáticas.
7 Virginia y Lola, ¿cuál es ______ libro favorito?
8 Eva, ¿cuándo es ______ cumpleaños?
9 Lucas chatea con ______ amigos.
10 Carlota y Elena, ¿cómo se llaman ______ compañeras del instituto?

12 Hablar de intensidad y cantidad: *muy, mucho/a/s*

Mar estudia mucho y tiene muy buenas notas

1. Lee las frases anteriores y relaciona las dos partes de la frase.

Muchas se usa ❍	❍ con un adjetivo.
Muy se usa ❍	❍ con un verbo.
Muchos se usa ❍	❍ con un nombre femenino plural.
Mucho se usa ❍	❍ con un nombre masculino plural.

- muy va antes del adjetivo. → *Adela tiene el pelo muy largo.*
- mucho va después del verbo. → *Mi hermana habla mucho por el móvil.*
- muchos/muchas van antes del nombre. → *Tengo muchos amigos.*
  Tengo muchas actividades.

Muy y mucho

2. Escribe de nuevo las frases: añade ***muy*** antes del adjetivo o ***mucho*** después del verbo.

1 Natalia tiene el pelo *rizado*. ....

2 Raúl *ve* la tele. ....

3 Miguel es *simpático*. ....

4 José *habla* con sus profesores. ....

5 *Chateo* los domingos. ....

6 Mi instituto es *grande*. ....

3. Une con flechas las dos partes de la frase y escribe ***muchos*** o ***muchas***.

1 En la biblioteca del instituto hay ❍	❍ ______	videojuegos.
2 Paula es sociable y tiene ❍	❍ ______	canciones.
3 En clase de inglés escribimos ❍	❍ ______	libros.
4 En mi consola tengo ❍	❍ ______	primos.
5 En clase de francés escuchamos ❍	❍ ______	frases.
6 Mi familia es grande, tengo ❍	❍ ______	amigas.

4. Completa las frases con ***muy***, ***mucho***, ***muchos*** o ***muchas***.

1 La maleta pesa ______.

2 Hoy es mi cumpleaños y tengo ______ regalos.

3 El oso de peluche es ______ grande.

4 Andrés practica ______ deportes.

5 Carmen juega ______ con su perro.

6 María monta ______ en bici.

7 Tengo ______ fotos de mis viajes.

8 En el instituto estudiamos ______ asignaturas.

9 El perro es ______ cariñoso.

AUTOEVALUACIÓN

Evalúa tus conocimientos

Fecha:

NIVEL ALCANZADO: Muy bien / Bien / Suficiente / Insuficiente

Temas 10, 11 y 12

- **Puedo utilizar los adjetivos demostrativos.**
  - El libro (está allí) ⇨
  - Las revistas (están ahí) ⇨
  - La casa (está aquí) ⇨
  - Los perros (están allí) ⇨

- **Puedo utilizar los adjetivos posesivos.**
  - el perro / tú
  - el coche / mi madre
  - los cuadernos / yo
  - la casa / vosotros

- **Puedo utilizar *muy* / *mucho*(*s*).**
  - Tengo ______ amigos.
  - Tus amigos son ______ simpáticos.
  - Trabajo ______ los fines de semana.
  - Mi hermano es ______ alto.

Ve a tuaulavirtual para hacer las actividades de refuerzo.

tuaulavirtual

amplía tus conocimientos on-line

A1

MULTIPLATAFORMA

AULA DE GRAMÁTICA

Uso escolar

Una plataforma visible en cualquier dispositivo: PC, Mac, tablets, Android e iPhone.

Todas las actividades con audio son interactivas y se encuentran en la plataforma tuaulavirtual.

www.edelsa.es

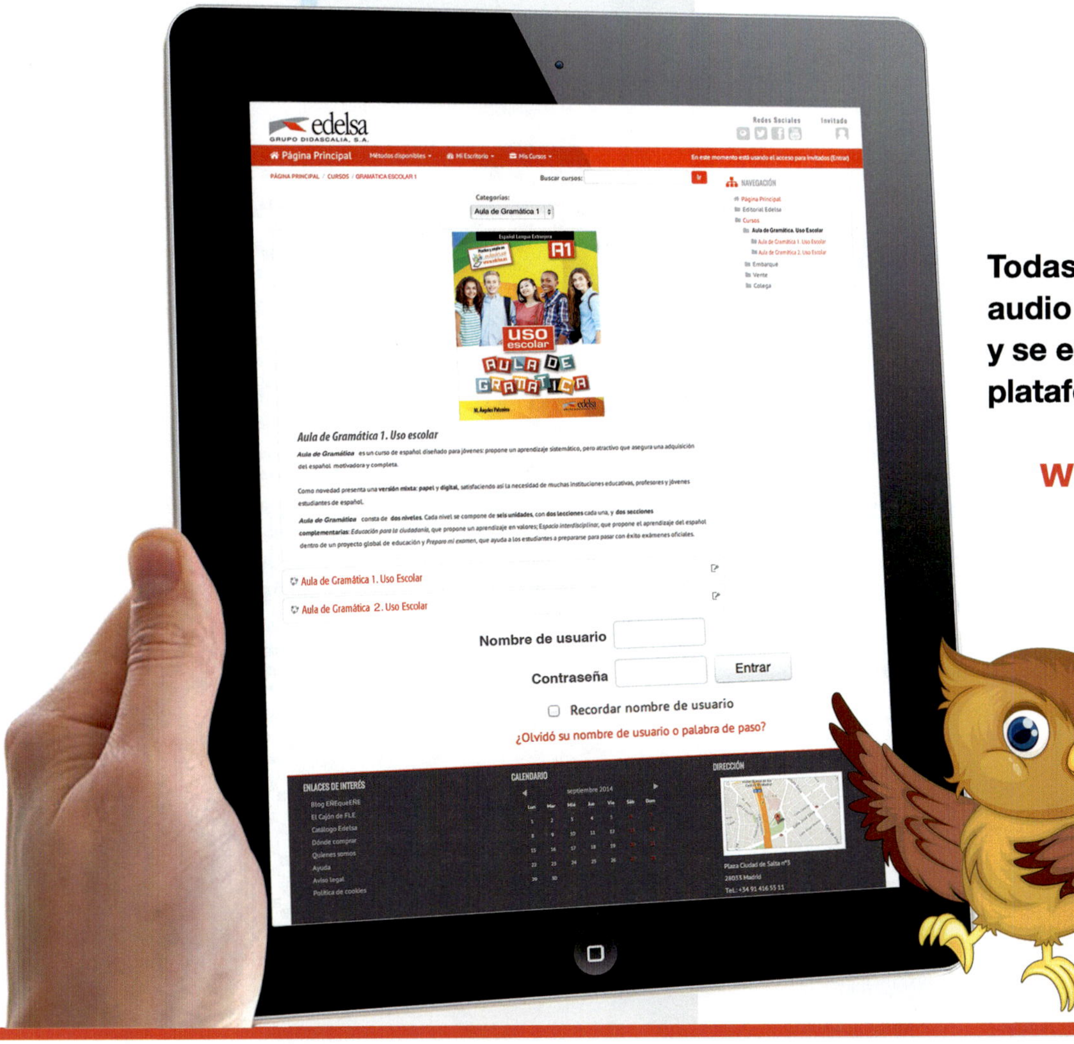

¡Regístrate!

13 Indicar la existencia y situar: *hay/está(n)*
Las preposiciones de lugar: *en, entre, sobre...*

La mesa está en la habitación
Sobre la mesa hay muchas cosas

1. ¿Recuerdas las preposiciones de lugar? Completa las frases.
(Observa las pistas y el número de letras).

delante de la / del • al lado de la / del • entre • en
debajo de la / del • detrás de la / del • sobre

1 __T___ __ __ lámpara.

2 __ ____ __ __ lámpara.

3 _____ el despertador y los libros.

4 __B__ la mesa.

5 __ la caja.

6 __B___ __ __ mesa.

7 _______ __ __ caja.

- *de + el → del*
Detrás del profesor.
A lado del ordenador.

2. Escucha y sitúa con flechas los objetos y animales en el lugar adecuado.
Esta actividad se puede realizar en tuaulavirtual

Pista 28

3. Lee los ejemplos y escríbelos en el cuadro en el lugar correcto.

Hay un globo terráqueo sobre la estantería.

Los patines están al lado del globo terráqueo.

Mi boli está sobre las carpetas.

Hay una estantería detrás de Lucas.

En la estantería hay archivadores.

Lucas está detrás de la mesa.

Hay muchos lápices en el portalápices.

Sobre la mesa hay muchas carpetas.

Hay dos manzanas sobre la mesa.

La calculadora está sobre los libros.

Para indicar existencia: *HAY*

- Hay + artículo indeterminado singular + nombre
- Hay + número + nombre plural
- Hay + nombre plural
- Hay + muchos / muchas + nombre plural

Para situar: *ESTÁ / ESTÁN*

- Nombre(s) de persona + está(n)
- Artículo determinado + nombre + está(n)
- Adjetivo posesivo + nombre + está(n)

Hay, está o están

4. Completa las frases con ***hay***, ***está*** o ***están***.

1 ________ un libro sobre la mesa.
2 La goma ________ en el estuche.
3 Pedro y sus compañeros ________ en la biblioteca.
4 ________ doce alumnos en el patio del instituto.
5 ________ muchos bolígrafos en el portalápices.
6 El profesor ________ delante de la pizarra digital.
7 Los diccionarios ________ sobre el pupitre.
8 Sobre la estantería ________ muchas revistas.
9 Marina ________ delante del instituto.
10 Las revistas ________ en la biblioteca.
11 ________ una calculadora delante del ordenador.
12 Tus lápices ________ al lado del ordenador.
13 Sobre la mesa del profesor ________ cuatro cuadernos.
14 ________ árboles en el patio del instituto.
15 Mi gato ________ debajo de la mesa.

5. Observa la imagen, completa las frases con las siguientes palabras y relaciona las columnas.

muchos • cuatro • Ø✓ • una • un • muchas • dos

1 Hay Ø lápices ○	○ delante del balón.
2 Hay ________ balón ○	○ entre el estuche y los lápices.
3 Hay ________ balones ○	○ debajo de la mesa.
4 Hay ________ papelera ○	○ al lado de la papelera.
5 Hay ________ carpetas ○	○ sobre la mesa.
6 Hay ________ libros ○	○ debajo del globo terráqueo.
7 Hay ________ archivadores ○	○ detrás de la papelera.

6. a. Observa la imagen, escucha las frases y marca si son verdaderas (V) o falsas (F).

Esta actividad se puede realizar en tuaulavirtual

Pista 29

	V	F
1		
2		
3		
4		
5		
6		

b. Corrige las frases falsas (F).

....

....

c. Dibuja los siguientes objetos en la imagen del ejercicio a.

- Un balón sobre la silla.
- Un globo terráqueo detrás de la chica.
- Un lápiz debajo del perro.
- Dos manzanas entre el perro y la chica.
- Una papelera al lado de la chica.

d. Ahora, completa las frases con *hay* o *está*.

1 ______ tres caramelos delante de la silla.
2 El sombrero ______ detrás del perro.
3 El perro ______ entre Sara y la silla.
4 Debajo de la silla ______ una calculadora.
5 Debajo de Sara ______ libros.
6 Sara ______ sobre los libros.

1

POSICIÓN DE *HAY*

- En las frases afirmativas
  Hay + nombre → *Hay dos alumnos en el patio.*
- En frases con palabra interrogativa
  Palabra interrogativa + hay → *¿Dónde hay una panadería?* (1)
  Pero: ¿Cuántos libros hay en la estantería?

7. Ordena las palabras y escribe la frase.

1 aula? / hay / tu / ¿Qué / en

2 en / chicas / hay / clase? / ¿Cuántas / tu

3 por favor? / hay / cafetería, / ¿Dónde / una

4 aula? / tu / ¿Cuántos / hay / en / ordenadores

5 pupitre? / hay / tu / ¿Qué / sobre

6 en / ¿Cuántos / estantería? / la / hay / libros

2

POSICIÓN DE *ESTÁ(N)*

- En las frases afirmativas
  nombre + está(n) → *Los alumnos están en el patio.*
- En las frases con ¿Dónde?
  ¿Dónde + está(n) + nombre? → *¿Dónde está la piscina?* (2)

8. Une con flechas cada pregunta con la respuesta correcta.

1 ¿Dónde están los alumnos? ○	○ Está en la piscina.
2 ¿Dónde está la panadería? ○	○ Está en la cesta.
3 ¿Dónde está Julio? ○	○ Está en el estuche.
4 ¿Dónde está el gato? ○	○ Están en casa de mis abuelos.
5 ¿Dónde están las revistas? ○	○ Están en el patio.
6 ¿Dónde están tus padres? ○	○ Están en la estantería.
7 ¿Dónde está la goma? ○	○ Está al lado de la cafetería.

Tu habitación

9. Observa el vocabulario de la habitación. Luego, contesta a las preguntas.

el despertador

la lámpara

el portafoto

la jaula

la manta

la vela

la hucha

el cojín

la figurita

las zapatillas

1 ¿Cuántas mantas hay? ....

2 ¿Dónde está la jaula? ....

3 ¿Qué hay delante de la lámpara? ....

4 ¿Dónde están las figuritas? ....

5 ¿Dónde están los cojines? ....

6 ¿Dónde hay una hucha? ....

7 ¿Cuántos cojines hay? ....

8 ¿Dónde están las zapatillas? ....

9 ¿Qué hay sobre la mesilla? ....

10 ¿Qué hay al lado del despertador? ....

14 Hablar de gustos: el verbo *gustar*

A mí me gusta el monopatín

¿Qué les gusta?

1. a. Lee las frases y observa los **pronombres personales**.

A nosotros nos gustan las fiestas de cumpleaños.

A ella le gusta mandar mensajes.

A él le gustan los pasteles.

A usted le gusta leer.

A vosotros os gusta la música.

A ellas les gusta chatear.

A ellos les gusta el deporte.

A ti te gustan los perros.

A ustedes les gusta la *pizza*.

b. Clasifica los **pronombres personales**.

- A mí *me*
- A ti
- A él
- A ella
- A usted
- A nosotros/as
- A vosotros/as
- A ellos
- A ellas
- A ustedes

c. Ahora, completa con los **pronombres personales**, ***gusta*** o ***gustan*** y los ejemplos del ejercicio **1. a** como en el modelo.

(A mí) ______
(A ti) ______
(A él/ella, usted) ______
(A nosotros/as) ______
(A vosotros/as) ______
(A ellos/ellas, ustedes) ______

______ → • *el / la* + nombre singular
el monopatín
______
______
______

• infinitivo
______
______
______

______ → • *los / las* + nombre plural
______
______
______

2. Completa las frases con los pronombres personales.

1 (A usted) ______ gusta el queso.

2 (A vosotras) ______ gusta la geografía.

3 (A mí) ______ gusta cantar.

4 (A ellos) ______ gustan los caramelos.

5 (A ti) ______ gusta cocinar.

6 (A nosotros) ______ gustan las fresas.

7 (A ellas) ______ gusta bailar.

8 (A él) ______ gusta el fútbol.

9 (A ustedes) ______ gustan los animales.

LA FORMA NEGATIVA

- No + [*me, te, le, nos, os, les*] + [*gusta / gustan*]
  No te gusta el fútbol. / No me gusta chatear. / No nos gustan las fresas.

3. Pon las frases del ejercicio 2 en la forma negativa.

1 ....
2 ....
3 ....
4 ....
5 ....
6 ....
7 ....
8 ....
9 ....

4. Escribe frases con *gusta* o *gustan* en la forma afirmativa o negativa, como en el modelo.

	1	2	3	4	5
a	 las galletas	 montar en bici	 el baloncesto	 la playa	 las arañas
b	 el chocolate	 la natación	 estudiar	 los melocotones	 pintar

	A ti (☹ b5)	*no te gusta*	*pintar*.
1	A usted (☹ a5)		.
2	A vosotras (☺ a2)		.
3	A Lucía (☺ b1)		.
4	A ti (☹ b3)		.
5	A mí (☺ a4)		.
6	A ustedes (☹ b2)		.
7	A mis amigos (☺ a1)		.
8	A nosotros (☹ b4)		.
9	A Pedro (☹ a3)		.

ACUERDO Y DESACUERDO

Me gusta leer.	☺ *A mí también.*	*Me gusta* la música.	☹ *A mí no.*
No me gusta leer.	☹ *A mí tampoco.*	*No me gusta* la música.	☺ *A mí sí.*

También, tampoco, sí, no

5. Termina las respuestas con ***también***, ***tampoco***, ***sí*** o ***no***.

1 Me gusta leer. ☹ A mis amigos ________.
2 No te gusta el monopatín. ☹ A mí ________.
3 Os gustan los caramelos. ☺ A nosotros ________.
4 No les gustan las arañas. ☺ A ti ________.
5 Te gusta pintar. ☹ A ellos ________.
6 Le gusta la natación. ☺ A Elena ________.
7 No nos gustan las galletas. ☺ A usted ________.
8 Me gusta chatear. ☹ A vosotros ________.

A mí también. A mí tampoco. A mí sí. A mí no

6. Escribe las respuestas de Noelia.

1 ☹

2 ☺

3 ☺

4 ☹

5 ☺

6 ☹

7 ☺

8 ☺

1 *Lucas:* No me gustan los videojuegos. *Noelia:* ________.
2 *Alicia:* Me gusta la Navidad. *Noelia:* ________.
3 *Pablo:* No me gusta leer. *Noelia:* ________.
4 *Nuria:* Me gustan las Matemáticas. *Noelia:* ________.
5 *José:* Me gusta jugar al tenis. *Noelia:* ________.
6 *Marta:* No me gusta ver la tele. *Noelia:* ________.
7 *Álex:* No me gusta la *pizza*. *Noelia:* ________.
8 *Silvia:* Me gustan los helados. *Noelia:* ________.

AUTOEVALUACIÓN

Evalúa tus conocimientos

Fecha:

NIVEL ALCANZADO

Temas 13 y 14

	Muy bien	Bien	Suficiente	Insuficiente
▪ Puedo utilizar *hay* y *está*(*n*).				
• ¿Dónde ______ Carlos?	☐	☐	☐	☐
• Sobre la mesa ______ libros.	☐	☐	☐	☐
• Mis amigos ______ en la piscina.	☐	☐	☐	☐
• ______ una pelota debajo de la cama.	☐	☐	☐	☐
▪ Puedo utilizar el verbo *gustar*.				
• Me ______ el baloncesto.	☐	☐	☐	☐
• ¿No te ______ los helados de chocolate?	☐	☐	☐	☐
• A Juan le ______ las Ciencias.	☐	☐	☐	☐
• Nos ______ escuchar música.	☐	☐	☐	☐
▪ Puedo expresar acuerdo y desacuerdo sobre gustos.				
• A Pedro le gusta bailar. ☺	☐	☐	☐	☐
• No te gustan las Matemáticas. ☹	☐	☐	☐	☐
• Os gustan las serpientes. ☹	☐	☐	☐	☐
• No te gusta ver la tele. ☹	☐	☐	☐	☐

Ve a tuaulavirtual para hacer las actividades de refuerzo.

15 Los pronombres personales sujeto

Él es mi amigo

1. Lee las frases anteriores y escribe los pronombres personales en el cuadro.

	SINGULAR		PLURAL	
			Masculino	Femenino
1.ª persona				
2.ª persona				*vosotras*
	usted			
3.ª persona	Masculino	Femenino		
			ellos	

- Normalmente el pronombre personal sujeto **no** es necesario: las terminaciones del verbo son todas diferentes.
- El pronombre personal sujeto es necesario:
  - Para hacer una pregunta.
  - Después de **y**.

  *Marta **y yo** estamos en primero de la ESO.*

Tú, vosotros, vosotras

2. Completa las preguntas con los pronombres *tú*, *vosotros* o *vosotras*.

3. Une con flechas los nombres y los pronombres personales.

Carmen y Silvia ❍	❍ ELLOS
un amigo y yo* ❍	❍ ÉL
tú y tus hermanos ❍	❍ VOSOTRAS
Nuria ❍	❍ NOSOTRAS
tú** y Gema ❍	❍ ELLAS
mis profesores ❍	❍ VOSOTROS
Ángel ❍	❍ NOSOTROS
mi madre y yo* ❍	❍ ELLA

** yo = Gema
* tú = Malena

- Dices tú + verbo en 2.ª persona del singular:
  - A un amigo, un compañero de clase, un niño, un joven... → *David, ¿tienes un rotulador?*
  - A una persona de tu familia. → *Hola, abuela. ¿Qué tal estás?*
- Dices usted + verbo en 3.ª persona del singular:
  - A un adulto (no es una persona de tu familia). → *¿Usted es el padre de Javier?*

- Vosotros/as = *tú* + *tú* + verbo en 2.ª persona del plural:
  ¿De dónde sois?
- Ustedes = *usted* + *usted* + verbo en 3.ª persona del plural:
  ¿Ustedes son los profesores del instituto?

En Hispanoamérica, Andalucía y Canarias no se dice *vosotros/as*, se dice *ustedes*.

¿Qué dices en cada situación?

4. a. Completa con ***tú***, ***usted***, ***vosotros***, ***vosotras*** o ***ustedes***.

1 dos niños

2 tu padre y tu madre

3 el panadero

4 dos profesores

5 tus amigos

6 dos compañeras

7 tu hermana

8 la enfermera del instituto

9 un amigo

¿Para quién es la pregunta?

b. Marca con una ✘ la respuesta correcta.

¿Tienes un bolígrafo, por favor?

1

☐ un compañero

☐ una profesora

¿Son de Madrid?

2

☐ dos compañeros del club de fútbol

☐ los padres de un amigo

¿Cómo se llama?

3

☐ la abuela de un amigo

☐ una niña

¿Cuántos años tienes?

4

☐ un amigo del blog

☐ la abuela de un amigo

¿Estudiáis francés?

5

☐ compañeros del instituto

☐ el padre de un compañero

16 Pronombres personales + preposición

Juego con ella

1. Completa los bocadillos con las expresiones del recuadro. Luego, escribe los pronombres personales en el cuadro.

con vosotros • para ti • detrás de mí • con él • con nosotras • A usted

Toma, mamá. Es ______.

¡Muchas gracias!

¿______ le gusta leer?

Estos chicos ______ son mis amigos.

¡Hola, Bárbara! Esta tarde mi hermana y yo vamos al polideportivo ¿Quieres jugar al baloncesto ______?

Buenos días, señora Morales. Soy Miguel, ¿está Raúl?

Sí, está en su habitación. ¿Quieres hablar ______?

El sábado voy a un concierto de Malú con Carlos.

¿Malú? ¡Es mi cantante favorita! ¿Puedo ir ______?

PREPOSICIONES	PRONOMBRES PERSONALES
a con delante de detrás de encima de debajo de al lado de para	______ ______ ______, ______ / ella nosotros / ______ ______ / vosotras ustedes, ellos / ellas

- *con + mí → conmigo*
  ¿Quieres ver la tele conmigo?
- *con + ti → contigo*
  Voy al cine contigo.

2. Escucha y escribe las preguntas. Luego, encuentra la respuesta adecuada a cada pregunta. Escribe las letras correspondientes.

Esta actividad se puede realizar en tuaulavirtual

Pista 30

1 ....
2 ....
3 ....
4 ....
5 ....
6 ....
7 ....

Respuestas:

a
No, no comen con nosotros, comen en su casa.

b
Muy bien, ¿quieres jugar conmigo?

c
Sí, ¿y a ti?

d
Sí, y juego mucho con él.

e
A mí también, juego al tenis.

f
No, estoy delante de ellos.

g
Sí, y me gusta chatear con ellas.

3. Contesta afirmativamente, como en el modelo.

¿Hablas con Víctor en el recreo? *Sí, hablo con él en el recreo.*

1 ¿Este mensaje es para Sara y Marta? ....
2 ¿Quieres ver la tele con nosotros? ....
3 ¿Haces los deberes con tu hermana? ....
4 ¿En clase te sientas al lado de Lucas? ....
5 ¿En tu blog hablas de tus amigos? ....
6 ¿A vosotros os gusta leer? ....
7 ¿Queréis jugar al tenis conmigo? ....
8 ¿Lola chatea con tu hermana y contigo? ....
9 ¿El zumo de naranja es para mí? ....
10 ¿En clase Marina está detrás de ti? ....

AUTOEVALUACIÓN

Evalúa tus conocimientos

Fecha:

NIVEL ALCANZADO

Temas 15 y 16

	Muy bien	Bien	Suficiente	Insuficiente
Conozco los pronombres personales sujeto.				
• mi hermano y yo =	☐	☐	☐	☐
• Pedro y tú =	☐	☐	☐	☐
• usted + usted =	☐	☐	☐	☐
• Elena + Carlota =	☐	☐	☐	☐
Sé utilizar *tú, usted, vosotros/as* y *ustedes*.				
• A mi abuelo digo	☐	☐	☐	☐
• A mi profesora de Historia digo	☐	☐	☐	☐
• A mis compañeros de instituto digo	☐	☐	☐	☐
• A los padres de mi amiga Nuria digo	☐	☐	☐	☐
Puedo utilizar los pronombres personales después de una preposición. Por ejemplo:				
•	☐	☐	☐	☐
•	☐	☐	☐	☐
•	☐	☐	☐	☐
•	☐	☐	☐	☐

Ve a tuaulavirtual para hacer las actividades de refuerzo.

tuaulavirtual
amplía tus conocimientos on-line

A1

MULTIPLATAFORMA

AULA DE GRAMÁTICA

Uso escolar

Una plataforma visible en cualquier dispositivo: PC, Mac, tablets, Android e iPhone.

Todas las actividades con audio son interactivas y se encuentran en la plataforma tuaulavirtual.

www.edelsa.es

¡Regístrate!

17 Los verbos pronominales

Paula se despierta a las siete y media

Rubén habla de las actividades cotidianas de su familia

1. Lee las frases y relaciona los pronombres personales sujeto con los pronombres personales reflexivos correspondientes.

Los domingos, mis hermanas se acuestan a las diez.

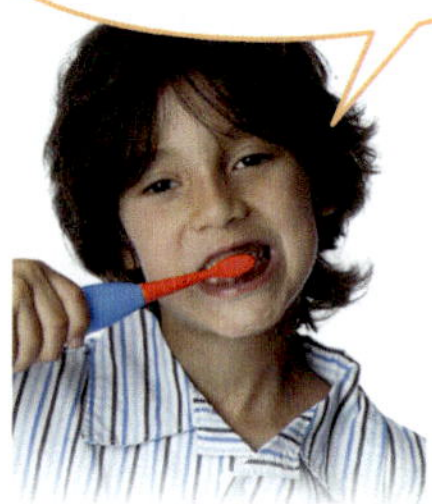

Mi padre se afeita todos los días.

Los sábados, mi prima y yo nos divertimos con la consola.

Mis padres se visten para salir.

Pronombres sujeto	Pronombres reflexivos	Pronombres sujeto
yo	TE	nosotros/as
tú	ME	vosotros/as
usted	OS	ustedes
él	SE	ellos
ella	SE	ellas
	NOS	

2. **Indica los infinitivos correspondientes a las formas del ejercicio 1.**

sentarse • afeitarse • acostarse • lavarse • vestirse • divertirse

1 me lavo ....
2 nos divertimos ....
3 te sientas ....
4 se acuestan ....
5 se visten ....
6 se afeita ....

VERBOS IRREGULARES EN PRESENTE

DESPERTARSE	SENTARSE	ACOSTARSE	VESTIRSE	DIVERTIRSE
me despierto	me siento	me acuesto	me visto	me divierto
te despiertas	te sientas	te acuestas	te vistes	te diviertes
se despierta	se sienta	se acuesta	se viste	se divierte
nos despertamos	nos sentamos	nos acostamos	nos vestimos	nos divertimos
os despertáis	os sentáis	os acostáis	os vestís	os divertís
se despiertan	se sientan	se acuestan	se visten	se divierten

3. **Escucha y subraya las formas oídas.**

Esta actividad se puede realizar en tuaulavirtual

Pista 31

te acuestas • os vestís
os ducháis • te despiertas
se lava • se levanta • se despiertan
me afeito • os sentáis • se peinan
te duchas • se divierten
te peinas • te sientas • nos vestimos
me acuesto • se afeita
nos lavamos • me levanto
te diviertes

POSICIÓN DE LOS PRONOMBRES

- En infinitivo: al final del verbo.
  vestirse – sentarse – acostarse
- Con el verbo conjugado: antes del verbo.

4. **Pon los verbos en presente.**

1 Los domingos levantarse (nosotros) __________ tarde.
2 En el instituto, sentarse (tú) __________ en la primera fila.
3 Mi padre afeitarse __________ en el cuarto de baño.
4 Los lunes voy a una actividad extraescolar y divertirse (yo) __________ mucho.
5 Todas las mañanas, desayuno y lavarse (yo) __________ los dientes.
6 Por la noche acostarse (yo) __________ a las diez.
7 Todos los días despertarse (vosotras) __________ a las siete, ducharse (vosotras) __________, peinarse (vosotras) __________ y vestirse (vosotras) __________ para ir al instituto.
8 Julia y Elena vestirse __________ para ir a una fiesta.

18 El presente

Estudio español

Verbos regulares

estudiar

leer

escribir

comer

beber

desayunar

abrir

dibujar

1. Observa la terminación de los verbos anteriores. Clasifica los verbos en el cuadro.

HAY 3 CONJUGACIONES DE VERBOS REGULARES

Verbos en -ar	Verbos en -er	Verbos en -ir

2. Ahora, observa la conjugación de cada verbo y completa el cuadro con las formas de la lista.

bebéis • escribe • dibujamos • beben • dibujo • dibuja • bebes • escribimos • dibujan

	DIBUJAR	BEBER	ESCRIBIR
(yo)		bebo	escribo
(tú)	dibujas		escribes
(usted, él/ella)		bebe	
(nosotros/as)		bebemos	
(vosotros/as)	dibujáis		escribís
(ustedes, ellos/ellas)			escriben

RECUERDA

verbos pronominales

peinarse

me peino
te peinas
se peina
nos peinamos
os peináis
se peinan

3. **Completa el crucigrama con las formas en presente.**

correr

patinar

subir

barrer

hablar

aburrirse

responder

ducharse

1 correr (tú)
2 responder (yo)
3 aburrirse (yo)
4 subir (nosotros/as)
5 subir (vosotros/as)
6 subir (ustedes)
7 barrer (él/ella)
8 subir (yo)
9 aburrirse (ellos/ellas)
10 ducharse (tú)
11 patinar (vosotros/as)
12 hablar (nosotros/as)
13 barrer (vosotros/as)
14 correr (nosotros/as)
15 patinar (nosotros/as)
16 hablar (tú)
17 barrer (yo)
18 responder (tú)

Verbos irregulares

4. ¿Recuerdas el significado de estos verbos? Escribe la traducción a tu idioma.

acostarse	cerrar	contar	corregir
....	....	....	....
despertarse	divertirse	dormir	elegir
....	....	....	....
empezar	entender	jugar	medir
....	....	....	....
merendar	poder	preferir	querer
....	....	....	....
repetir	sentarse	vestirse	volver
....	....	....	....

• *e → ie*

5. Observa las irregularidades del verbo ***empezar*** y conjuga los verbos ***querer*** y ***preferir***.

EMPEZAR*

(yo)	empiezo
(tú)	empiezas
(usted, él/ella)	empieza
(nosotros/as)	empezamos
(vosotros/as)	empezáis
(ustedes, ellos/ellas)	empiezan

QUERER**

(yo)	
(tú)	
(usted, él/ella)	
(nosotros/as)	
(vosotros/as)	
(ustedes, ellos/ellas)	

OTROS VERBOS

* *merendar, sentarse, cerrar, despertarse.*

** *entender.*

*** verbos en *-ertir* y en *-erir*: *divertirse.*

PREFERIR***

(yo)	
(tú)	
(usted, él/ella)	
(nosotros/as)	
(vosotros/as)	
(ustedes, ellos/ellas)	

- Las formas nosotros/as y vosotros/as son regulares.

6. Completa con *e* o con *ie*.

1 ent ___ ndéis	5 te desp ___ rtas	9 qu ___ ren
2 se s ___ ntan	6 qu ___ réis	10 ent ___ ndo
3 mer ___ ndas	7 mer ___ ndo	11 nos desp ___ rtamos
4 emp ___ zamos	8 pref ___ res	12 c ___ rran

7. Subraya las formas en la cadena de verbos.

sentarse, tú • preferir, usted • entender, vosotros • querer, ellas • empezar, yo
cerrar, tú • merendar, nosotros • entender, ellos • divertirse, nosotros • despertarse, nosotros

OSDIVERTÍSNOSDIVERTIMOSCIERRASCERRÁISTESIENTASMESIENTONOSDESPERTAMOSPREFERÍSPREFIEREEMPEZAMOSEMPIEZOMERIENDANMERENDAMOSQUERÉISQUIERENSESIENTANENTIENDENENTENDÉIS

8. Escucha y escribe las formas.

Esta actividad se puede realizar en tuaulavirtual

Pista 32

1	9 ....
2	10 ....
3	11 ....
4	12 ....
5	13 ....
6	14 ....
7	15 ....
8	16 ....

9. Transforma y termina las frases como en el modelo.

Entiendo la explicación. Tú también *entiendes la explicación*.

1 Te sientas en el patio. Nosotros también ________.
2 Merendáis a las cinco. Patricia también ________.
3 Empiezo el ejercicio. Vosotros también ________.
4 Te despiertas a las siete. Yo también ________.
5 Quiero ver la tele. Tú también ________.
6 Cierro la ventana. Ellas también ________.

• o → ue

10. Observa las irregularidades de los verbos ***contar*** y ***jugar***, conjuga los verbos ***poder*** y ***dormir***.

	CONTAR*	JUGAR
(yo)	cuento	juego
(tú)	cuentas	juegas
(usted, él/ella)	cuenta	juega
(nosotros/as)	contamos	jugamos
(vosotros/as)	contáis	jugáis
(ustedes, ellos/ellas)	cuentan	juegan

* *acostarse.*
** *volver.*

	PODER**
(yo)	
(tú)	
(usted, él/ella)	
(nosotros/as)	
(vosotros/as)	
(ustedes, ellos/ellas)	

	DORMIR
(yo)	
(tú)	
(usted, él/ella)	
(nosotros/as)	
(vosotros/as)	
(ustedes, ellos/ellas)	

- Las formas nosotros/as y vosotros/as son regulares.

Sopa de letras

11. Localiza las 14 formas en la sopa de letras.

D	U	E	R	M	E	S	N	I	V	B	E
S	T	A	V	H	L	C	Q	P	U	G	J
E	P	U	E	D	O	U	J	O	E	L	U
Z	N	G	J	I	Q	E	S	V	L	C	E
J	E	L	U	A	U	N	Y	O	V	O	G
U	J	U	E	G	A	T	N	L	E	N	O
G	V	A	R	U	R	A	D	V	S	T	H
Á	S	M	T	B	L	E	U	É	L	A	V
I	P	U	E	D	E	S	E	I	S	M	I
S	O	P	E	T	A	L	R	S	I	O	N
U	D	C	O	N	T	Á	I	S	Z	S	E
N	É	Q	D	U	E	R	M	E	N	G	V
A	I	N	U	E	S	N	O	V	H	I	O
B	S	E	A	C	U	E	S	T	A	N	E

12. Escucha y escribe las formas. Luego, une con flechas las formas y los pronombres personales sujeto.

Esta actividad se puede realizar en tuaulavirtual

Pista 33

1		❍	❍ yo
2		❍	❍ tú
3		❍	❍ usted, él/ella
4		❍	❍ nosotros/as
5		❍	❍ vosotros/as
6		❍	❍ ustedes, ellos/ellas
7		❍	

• *e → i*

13. Lee la información y conjuga el verbo ***repetir***.

- La *e* → *i*
  Excepto en las formas nosotros/as y vosotros/as.

REPETIR	
(yo)	
(tú)	
(usted, él/ella)	
(nosotros/as)	
(vosotros/as)	
(ustedes, ellos/ellas)	

OTROS VERBOS

Verbos no terminados en *-ertir* / *-erir:*
repetir, corregir, elegir*, vestirse, medir.*

Excepciones: decir, venir (muy irregulares).

* *(yo) corrijo, elijo.*

14. Pon los verbos en presente.

(yo)	corregir		medir	
(tú)	medir		elegir	
(él)	elegir		corregir	
(nosotros)	repetir		medir	
(vosotros)	medir		vestirse	
(ellos)	vestirse		corregir	

Verbos muy irregulares

15. Todas las formas *yo* son irregulares. ¿Las recuerdas?

salgo • veo • tengo • estoy • hago • voy • vengo • digo • soy

- decir – estar – hacer – ir – salir
  ser – tener – venir – ver

1 decir ______
2 estar ______
3 hacer ______
4 ir ______
5 salir ______
6 ser ______
7 tener ______
8 venir ______
9 ver ______

16. Copia las formas *yo* del ejercicio 15. Completa los cuadros con las formas irregulares de la lista. Para saber qué persona es, observa las terminaciones.

- Las formas tú terminan en -as/-ás/-es.
- Las formas usted, él/ella son irregulares.
- Las formas nosotros/as terminan en -mos.
- Las formas vosotros/as terminan en -ais/-ois.
- Las formas ustedes, ellos/ellas terminan en -n.

vienes • vas • dicen • va
sois • van • tienes • es
tiene • estás • eres • vienen
están • somos • son
dices • viene • vais • dice
tienen • está • vamos

	DECIR	ESTAR	HACER
(yo)			
(tú)			haces
(usted, él/ella)			hace
(nosotros/as)	decimos	estamos	hacemos
(vosotros/as)	decís	estáis	hacéis
(ustedes, ellos/ellas)			hacen

	IR	SALIR	SER
(yo)			
(tú)		sales	
(usted, él/ella)		sale	
(nosotros/as)		salimos	
(vosotros/as)		salís	
(ustedes, ellos/ellas)		salen	

	TENER	VENIR	VER
(yo)			
(tú)			ves
(usted, él/ella)			ve
(nosotros/as)	tenemos	venimos	vemos
(vosotros/as)	tenéis	venís	veis
(ustedes, ellos/ellas)			ven

17. a. Escucha y marca con una ✘ la forma oída.

Esta actividad se puede realizar en tuaulavirtual

Pista 34

	yo	tú	Ud., él/ella	nosotros/as	vosotros/as	Uds., ellos/ellas
1	☐	☐	☐	☐	☐	☐
2	☐	☐	☐	☐	☐	☐
3	☐	☐	☐	☐	☐	☐
4	☐	☐	☐	☐	☐	☐
5	☐	☐	☐	☐	☐	☐
6	☐	☐	☐	☐	☐	☐
7	☐	☐	☐	☐	☐	☐
8	☐	☐	☐	☐	☐	☐
9	☐	☐	☐	☐	☐	☐
10	☐	☐	☐	☐	☐	☐
11	☐	☐	☐	☐	☐	☐
12	☐	☐	☐	☐	☐	☐

b. Ahora, escribe los infinitivos correspondientes.

1 ....
2 ....
3 ....
4 ....
5 ....
6 ....
7 ....
8 ....
9 ....
10 ....
11 ....
12 ....

18. Completa las formas con vocales.

1 v _ m _ s
2 s _ l _ m _ s
3 d _ c _ s
4 _ st _ s
5 h _ g _
6 _ r _ s
7 t _ _ n _ n
8 v _ ng _
9 v _ o

El presente: usos

19. Lee estas frases en presente. Clasifica las frases en el cuadro, observa los ejemplos.

Por la mañana, desayuno con mis padres y mi hermano.

Julio es gracioso.

Hace frío.

Tengo muchos amigos.

El sábado jugamos la final.

Esta tarde tenemos entrenamiento.

Marta vive en Barcelona. Barcelona es la capital de Cataluña.

Los martes tenemos Informática.

Todos los días, las clases empiezan a las ocho.

Lucas es castaño.

Mañana voy a la piscina con Álex.

USOS DEL PRESENTE

▪ Hablar de acciones habituales. (1)	• Merendamos a las cinco. (Todos los días). • En verano Pedro y sus padres van a la playa. • Los jueves tengo clase de piano. • • •
▪ Indicar acciones futuras. (2)	• Esta tarde vas a la piscina. • El lunes tenemos un examen de Geografía. • Este fin de semana voy a casa de mis abuelos. • • •
▪ Hablar de acciones actuales.	• Mi padre habla español y francés. • Nos gusta el deporte. • Tengo una amiga venezolana. • • •
▪ En definiciones y descripciones.	• El gato es un animal de compañía. • La natación es fácil. • Tu habitación es grande. • • •

(1)

Se usa con:

- Por la mañana, por la tarde, por la noche.
- Todos los días.
- En verano, en otoño...
- (Todos los días) A la una, a las tres...
- Los lunes, los martes...

(2)

Se usa con:

- Esta mañana, esta tarde, esta noche.
- Hoy, mañana.
- Este fin de semana.
- A la una, a las dos y cuarto...
- El lunes, el martes...

20. **Conjuga los verbos en presente. Luego, relaciona las frases y las expresiones temporales de la lista: escribe las letras en los cuadros verdes.**

a. todas las mañanas b. en invierno c. por la tarde d. a las dos
e. en verano f. los sábados g. por la noche h. los lunes

1 Mis abuelos (pasear) ______ por la montaña. ☐

2 (Comer, yo) ______ con mis padres y mi hermano. ☐

3 Sara (ver) ______ la tele, luego (acostarse) ______. ☐

4 (Despertarse, tú) ______ a las siete. ☐

5 No (tener, yo) ______ clase, (salir, yo) ______ con mis amigos. ☐

6 Elena (volver) ______ a casa, (merendar) ______ y (leer) ______. ☐

7 Pedro y sus amigos (ir) ______ al parque. ☐

8 (Tener, nosotros) ______ clase. ☐

Actividades extraescolares

21. **Lee los horarios de las actividades extraescolares dos veces. Tapa los horarios con una hoja de papel. Ahora, conjuga los verbos en presente y escribe los nombres de los días, de memoria.**

Lunes	17:00 - 18:30	⚽
Martes	17:10 - 18:45	📕
Miércoles	17:20 - 19:00	⛸
Jueves	16:45 - 18:15	💻
Viernes	17:30 - 18:30	🎭

1 Lucas (leer) ______ libros de ciencia ficción ______.
2 Marta y yo (jugar) ______ al fútbol ______.
3 Elena y Juan (tener) ______ taller de teatro ______.
4 (Patinar, yo) ______ ______.
5 Tú y Carlota (navegar) ______ por Internet ______.

Hoy es viernes y Marina tiene planes

22. a. Escucha lo que dice y escribe las frases al lado de la foto adecuada.

Esta actividad se puede realizar en tuaulavirtual

Pista 35

1 ....

2 ....

3 ....

4 ....

5 ....

6 ....

Eres Marina

b. Ahora escribe el texto en la forma *yo*.

1 ....
2 ....
3 ....
4 ....
5 ....
6 ....

23. Completa las frases con los verbos de la lista en presente.

1 Mi móvil ________ fotos muy bonitas.
2 Las asignaturas favoritas de Alicia ________ Matemáticas y Geografía.
3 ¿Qué idiomas (tú) ________ en el instituto?
4 ¿Qué deportes (vosotros) ________ en el club?
5 Borja ________ una hermana, ________ Carolina.
6 Mis abuelos ________ en un piso en el centro de Madrid.

practicar
ser
tener
vivir
llamarse
sacar
estudiar

24. Relaciona las tres partes de cada frase. Conjuga los verbos en presente.

1 Mi hermano	(estar) ________	deportes de equipo.
2 Nuestra aula	(hacer) ________	en la estantería.
3 El fútbol y el baloncesto	(tener) ________	calor.
4 Los habitantes de Colombia	(ser) ________	un metro setenta.
5 Los libros	(medir) ________	colombianos.
6 En verano	(llamarse) ________	una pizarra digital.

AUTOEVALUACIÓN

Evalúa tus conocimientos

Fecha:

NIVEL ALCANZADO

Muy bien — Bien — Suficiente — Insuficiente

Temas 17 y 18

- **Puedo conjugar los verbos pronominales.**
  - levantarse, yo
  - despertarse, ella
  - acostarse, tú
  - ducharse, nosotros
- **Puedo conjugar los verbos regulares en presente.**
  - escribir, vosotras
  - hablar, usted
  - responder, yo
  - estudiar, tú
- **Puedo conjugar los verbos irregulares (*e*/*ie* y *o*/*ue*) en presente.**
  - merendar, yo
  - entender, ellos
  - contar, tú
  - poder, él
- **Puedo conjugar los verbos irregulares (*e*/*i*) en presente.**
  - repetir, tú
  - elegir, yo
  - medir, nosotros
  - vestirse, ellas
- **Puedo conjugar los verbos muy irregulares en presente.**
  - estar, yo
  - ser, ellos
  - salir, yo
  - venir, yo
  - ver, yo
  - hacer, yo
  - tener, él

Ve a tuaulavirtual para hacer las actividades de refuerzo.

tuaulavirtual

amplía tus conocimientos on-line

A1

MULTIPLATAFORMA

AULA DE GRAMÁTICA

Uso escolar

Una plataforma visible en cualquier dispositivo: PC, Mac, tablets, Android e iPhone.

Todas las actividades con audio son interactivas y se encuentran en la plataforma tuaulavirtual.

www.edelsa.es

19 Los verbos *ir* y *venir*

¿Adónde vas? ¿De dónde vienes?

Voy a...

1. Lee las frases y completa el cuadro con las formas del verbo *ir* en presente.

- Con casa, no se usa el artículo. *Vamos a casa de un amigo.*
- *a + el* → al

	IR
(yo)	
(tú)	
(usted, él/ella)	
(nosotros/as)	
(vosotros/as)	
(ustedes, ellos/ellas)	

2. Escucha y marca con una ✗ la forma oída.

Esta actividad se puede realizar en tuaulavirtual

Pista 36

	yo	tú	Ud., él/ella	nosotros/as	vosotros/as	Uds., ellos/ellas
1	❑	❑	❑	❑	❑	❑
2	❑	❑	❑	❑	❑	❑
3	❑	❑	❑	❑	❑	❑
4	❑	❑	❑	❑	❑	❑
5	❑	❑	❑	❑	❑	❑
6	❑	❑	❑	❑	❑	❑

Vengo de...

3. Lee las frases y completa el cuadro con las formas del verbo *venir* en presente.

¿De dónde venís?

Venimos de casa de un amigo.

¿De dónde vienes?

Vengo del instituto.

Mi madre y su amiga vienen del centro comercial.

David viene de la biblioteca.

- Con casa, no se usa el artículo. *Vienes de casa de tus abuelos.*
- *de + el* → del

VENIR	
(yo)	
(tú)	
(usted, él/ella)	
(nosotros/as)	
(vosotros/as)	
(ustedes, ellos/ellas)	

4. Rodea las formas del verbo *venir*. Indica el pronombre sujeto, como en el modelo.

_____ _____ yo

VEOVENIMOSVAISVIENENVENEISVIENESVOYVENGOVENESVENÍSVIENEMOSVIENEVAN

_____ _____ _____

5. Forma frases como en el modelo.

tú IR el instituto .... *Vas al instituto.*

1 nosotros VENIR la estación ....
2 mis abuelos IR el parque ....
3 Antonio y yo IR la casa de Marta ....
4 tú VENIR el centro comercial ....
5 yo IR la biblioteca ....
6 tú y Cristina VENIR el instituto ....
7 mis amigos VENIR el parque ....
8 Patricia IR la estación ....
9 tú y tu madre IR el centro comercial ....
10 yo VENIR la casa de Marta ....
11 el profesor VENIR la biblioteca ....

Comercios y lugares

6. a. Lee los nombres de estos comercios y lugares.

	1	2	3
a	 la clínica veterinaria	 la casa de Lucía	 el parque
b	 la piscina	 el patio	 la biblioteca
c	 el polideportivo	 el aeropuerto	 el cine
d	 la casa de tus abuelos	 el restaurante	 la farmacia

b. Con la información anterior, conjuga los verbos en presente y escribe el nombre del lugar como en el modelo. ▼ = ***ir*** / ▲ = **venir**

mis padres ▼ d2 — *Mis padres van al restaurante.*

1 tú ▼ a3 ....

2 mi padre ▼ a1 ....

3 Javier ▲ c1 ....

4 yo ▼ a2 ....

5 Miguel y Sara ▲ b1 ....

6 Lucas y yo ▲ b2 ....

7 usted ▼ c2 ....

8 tú ▲ a2 ....

9 yo ▼ c3 ....

10 Álex y tú ▲ b3 ....

11 tú ▼ d1 ....

12 mi hermano y yo ▼ a2 ....

13 mi madre ▲ d3 ....

14 yo ▲ a1 ....

¿Adónde van y de dónde vienen?

7. Escucha y escribe una frase con el nombre del lugar correspondiente como en el modelo. ▼ ***Ahora*** (ir) ▲ **Más tarde** (venir)

Esta actividad se puede realizar en tuaulavirtual

Pista 37

el comedor

la pizzería

el gimnasio

el cine

1 ▼ *Pedro va al cine.*

▲ *Pedro viene del cine.*

2 ▼ ....

▲ ....

3 ▼ ....

▲ ....

4 ▼ ....

▲ ....

5 ▼ ....

▲ ....

6 ▼ ....

▲ ....

la biblioteca

la piscina

20 Hablar de deseos y preferencias: verbos *querer* y *preferir*

No quiero un CD. Prefiero un libro

• + nombre

¿Qué quieren por su cumpleaños?

1. a. **Escucha y completa con las formas en presente de los verbos *querer* y *preferir*. Observa las fotos.**

Esta actividad se puede realizar en tuaulavirtual

Pista 38

Sonia y Óscar ____ un .

Laura y Víctor ____ unos .

¿____ una  o una ?

¿____ una ?

No ____ un , ____ un .

b. **Ahora, copia las formas en los cuadros.**

	QUERER
(yo)	quiero
(tú)	
(usted, él/ella)	
(nosotros/as)	queremos
(vosotros/as)	
(ustedes, ellos/ellas)	

	PREFERIR
(yo)	prefiero
(tú)	
(usted, él/ella)	
(nosotros/as)	preferimos
(vosotros/as)	preferís
(ustedes, ellos/ellas)	

Querer o preferir

2. Completa con las formas de los verbos ***querer*** (Q) o ***preferir*** (P) y las palabras correspondientes a las fotos.

No nos gusta la  ________________ ,
P ________________ la  ________________ .

nosotros

Q ________________
una 
________________ .

ellas

Q ________________
un 
________________ .

nosotras

¿Q ________________ un  ________________ ,
o P ________________ un batido de  ________________ ?

tú

¿P ________________ un  ________________
o una  ________________ ?

yo

Q ________________
un 
________________ .

Mis abuelos no tienen  ________________ ,
P ________________ los  ________________ .

él

usted

ellos

vosotros

Para jugar, ¿q ________________ una  ________________
o P ________________ una  ________________ ?

No me gusta el

________________ ,
P ________________
el 
________________ .

yo

Marcos Q ________________ un  ________________ ,
y su hermano Q ________________ un  ________________ .

• + infinitivo

¡No están de acuerdo!

3. Lee las frases.

4. Forma frases como en el modelo. Indica las actividades similares.

patinar • jugar al tenis • comer una *pizza* • pasear con el perro
ver la tele • pintar • tener un hámster

 ☐

 ☐

 ☐

 ☒

 ☐

 ☐

 ☐

(Yo) *Quiero* jugar al baloncesto, pero tú *prefieres jugar al tenis*.

1 Rafa ______ dibujar, pero su hermana ______.
2 (Nosotros) ______ ir al cine, pero vosotras ______.
3 (Tú) ______ tener un perro, pero tus padres ______.
4 Para cenar, Jaime y su padre ______ comer una hamburguesa, pero su madre ______.
5 (Vosotros) ______ montar en bici, pero yo ______.
6 (Yo) ______ jugar con el perro, pero mi amiga ______.

Me quiero levantar a las diez

5. Observa la posición de los pronombres personales reflexivos. Luego, cambia el verbo pronominal y escribe de nuevo las 3 frases. ***levantarse → acostarse***

POSICIÓN DE LOS PRONOMBRES PERSONALES REFLEXIVOS

- con querer:
  - Antes de querer. → *Me quiero levantar.*
  - Después del infinitivo (una sola palabra). → *Quiero levantarme.*
- con preferir:
  - Después del infinitivo (una sola palabra). → *Prefiero levantarme.*

Pronombres personales reflexivos (RECUERDA)

me levanto	nos levantamos
te levantas	os levantáis
se levanta	se levantan

6. Escribe los pronombres personales reflexivos después del infinitivo. Para saber qué pronombre es, observa las formas de los verbos *querer* y *preferir*.

1 Yolanda quiere sentar_____ al lado de Pedro.
2 Tu hermano y tú preferís despertar_____ a las siete.
3 No quiero aburrir_____ en la fiesta.
4 Preferimos acostar_____ a las diez.
5 Mis amigos quieren duchar_____ después del partido de baloncesto.
6 ¿Prefieres lavar_____ los dientes ahora?

7. Escribe de nuevo las frases anteriores 1, 3 y 5 y cambia la posición de los pronombres reflexivos.

1 ....
2 ....
3 ....

AUTOEVALUACIÓN

Evalúa tus conocimientos

Fecha: ____________

NIVEL ALCANZADO: Muy bien / Bien / Suficiente / Insuficiente

Temas 19 y 20

- Puedo utilizar ***ir al / a la*** y ***venir del / de la***.
  - Vamos ________ cine.
  - Vienes ________ piscina.
  - Venimos ________ instituto.
  - Vais ________ biblioteca.

- Puedo utilizar los verbos ***querer*** y ***preferir***.
  - No (querer, yo) ________ una manzana, (preferir, yo) ________ una naranja.
  - Beatriz no (querer) ________ ir al parque, (preferir) ________ jugar al baloncesto.
  - No (querer, nosotros) ________ un helado, (preferir, nosotros) ________ un zumo.
  - ¿(Querer, tú) ________ pasear al perro o (preferir, tú) ________ chatear?

- Puedo utilizar ***querer*** con verbos pronominales.
  - Quieres sentarte. =
  - Me quiero acostar. =
  - Quieren levantarse. =
  - Nos queremos duchar. =

Ve a tuaulavirtual para hacer las actividades de refuerzo.

tuaulavirtual

amplía tus conocimientos on-line

A1

MULTIPLATAFORMA

AULA DE GRAMÁTICA

Uso escolar

Una plataforma visible en cualquier dispositivo: PC, Mac, tablets, Android e iPhone.

Todas las actividades con audio son interactivas y se encuentran en la plataforma tuaulavirtual.

www.edelsa.es

21 El verbo *tener*

Clara y José tienen 13 años

1. Lee las frases anteriores y copia las formas del verbo ***tener*** en presente en el cuadro.

	TENER
(yo)	
(tú)	
(usted, él/ella)	
(nosotros/as)	
(vosotros/as)	
(ustedes, ellos/ellas)	

Esta es la familia de Eva

2. Lee y copia en el cuadro las frases con el verbo ***tener*** según su uso.

Tiene un abuelo y una abuela.

Su abuela tiene el pelo blanco.

Su padre tiene 46 años.

Tiene un hermano. Su hermano tiene un perro.

El perro tiene las orejas marrones.

Su madre tiene los ojos marrones.

Eva tiene 13 años. Le gusta el baloncesto.

Hoy tiene partido a las 5. Tiene muchas amigas.

USOS DEL VERBO *TENER*

▪ Decir la edad:	• •
▪ Describir:	• • •
▪ Hablar de personas:	• • •
▪ Indicar la posesión:	•
▪ Indicar actividades:	•

3. **Escucha las frases y marca qué indica el verbo *tener* en cada caso.**

Esta actividad se puede realizar en tuaulavirtual

Pista 39

	Edad	Personas	Descripción	Posesión	Actividad
1					
2					
3					
4					
5					
6					
7					
8					

4. **Ahora completa las frases con las palabras del círculo.**

cuatro
clase • patas
coche • monopatín
asignaturas • años
pelo • hermanos
amigas

1 Hoy es sábado, Marina no tiene ________.
2 Mis padres tienen un ________.
3 El perro de Lucía tiene ________ años.
4 Tu hermana y tú tenéis el ________ rubio y rizado.
5 ¿Cuántos ________ tienen tus amigos?
6 Mi gato es negro y tiene las ________ blancas.
7 Guillermo tiene dos ________.
8 Tengo un ________ azul.
9 ¿Qué ________ tienes mañana?
10 Tengo dos ________ en el club de baloncesto.

5. Relaciona las dos partes de cada frase y escribe el verbo ***tener*** en presente.

1 Me gustan los animales, ○	○ ______ hermanos?
2 Bea toca la guitarra, ○	○ ______ un hámster.
3 Mis padres son morenos y ○	○ ______ la misma edad.
4 ¿Eres hija única o ○	○ ______ clases los lunes.
5 Lucas y yo ○	○ ______ el examen?
6 Tú y tus compañeros, ¿a qué hora ○	○ ______ el pelo corto.

¿Qué tiene cada persona?

6. Escribe la frase completa.

una tableta • un perro • un canario • una mochila • una consola • una bicicleta

1 Mi padre

2 Tú y tus amigos

3 Yo

4 Mi hermano y yo

5 Mis abuelos

6 Tú

Retratos

7. a. Escucha y escribe las frases.

Esta actividad se puede realizar en tuaulavirtual

Pista 40

Carlota

- ....
- ....
- ....

Pablo

- ....
- ....
- ....

b. Ahora, completa los dibujos y pon los complementos con flechas.

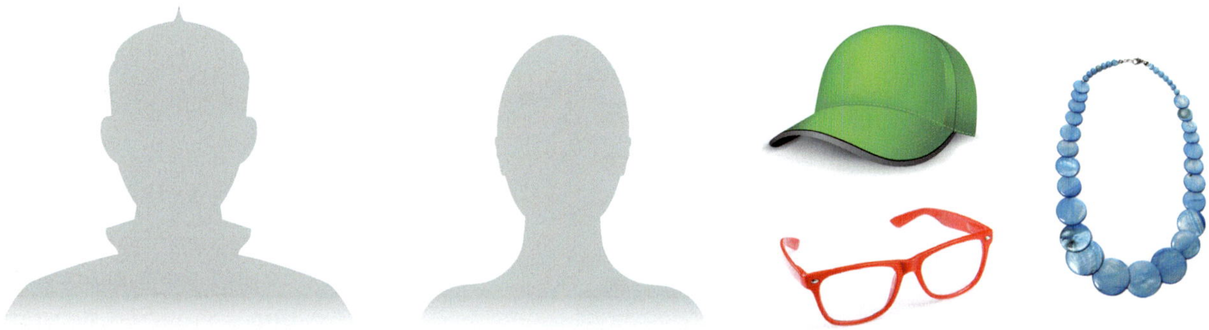

8. Completa las frases con el verbo *tener* en presente y las palabras del cuadro.

	1	2	3
a			
b			

1 Hoy Rubén ________ muchos b/1 ________.

2 Mañana (tú) ________ un examen de a/1 ________.

3 Esta tarde Lola y Andrea ________ una a/2 ________ con sus amigas.

4 A las cinco (nosotros) ________ un partido de b/2 ________.

5 El domingo (vosotros) ________ una fiesta de b/3 ________.

6 A las seis (yo) ________ clase de a/3 ________.

22 Expresar obligación: *tener que*

Tengo que estudiar

- Se usa para expresar una obligación personal.

1. Lee las frases anteriores. Luego, indica con qué forma verbal se construye ***tener que*** y escribe las frases.

Tener que + ______ → ______ / ______ / ______

Muchas obligaciones

2. Escucha. Elige la foto correspondiente. Después, escribe una frase con ***tener que*** + infinitivo.

Esta actividad se puede realizar en tuaulavirtual

Pista 41

1 *(Nosotros)* ______

2 *(Yo)* ______

3 *Los alumnos* ______

4 *(Vosotros)* ______

5 *Mi madre* ______

6 *(Tú)* ______

3. Termina las frases: elige la ilustración y el verbo del recuadro adecuados, como en el modelo. Para saber en qué persona tienes que conjugar el verbo *tener*, observa las palabras en verde.

navegar por Internet • llamar a María • comprar un regalo
estudiar ✓ • ir al patio • hacer bocadillos y zumos

1 Mañana Raúl tiene un examen. ○

2 Esta tarde vienen tus amigos a merendar. ○

3 El domingo es el cumpleaños de nuestro abuelo. ○

4 ¿Dónde está mi móvil? ○

5 Es la hora del recreo, los alumnos ○

6 Lucas y tú necesitáis información para el trabajo de Historia. ○

○ 1 __________

○ 2 __________

○ 3 *Tiene que estudiar.*

○ 4 __________

○ 5 __________

○ 6 __________

4. Lee la información y completa el cuadro con las 2 frases posibles, como en el modelo.

Cuando el infinitivo es un verbo reflexivo, los pronombres personales reflexivos pueden ir:

- Antes de tener.
- Después del infinitivo (una sola palabra).

RECUERDA

Pronombres personales reflexivos

me	nos
te	os
se	se

		ANTES DE *TENER*	DESPUÉS DEL INFINITIVO
	levantarse / nosotros	*Nos tenemos que levantar.*	*Tenemos que levantarnos.*
1	vestirse / tú		
2	ducharse / ellos		
3	despertarse / vosotros		
4	sentarse / yo		
5	acostarse / ella		

23 Los verbos *ser* y *estar*

Olga es rubia. Está en casa

• *Ser*

Soy Cristina.

Cristina es la hermana de Olga. Es alta y delgada.

Olga es rubia.
Su cumpleaños es el 4 de mayo.
Su actividad favorita es escuchar música.

RECUERDA

Presente del verbo SER

soy
eres
es
somos
sois
son

El perro es blanco.
Es de Cristina.
Sus orejas son grandes. Es cariñoso.

Son las cinco.

¿Cuál es tu helado favorito?

Es un helado de chocolate.

Mi día preferido de la semana es el sábado.

Son Bea y Nuria. Son las amigas de Olga.
Son muy simpáticas.
Bea es argentina. Nuria es española.

1. **Lee las frases anteriores con el verbo *ser*. Luego, clasifica las frases en el cuadro. Observa los ejemplos y los colores.**

USOS DEL VERBO *SER*	
▪ Presentarse, presentar personas. (Ser + nombre)	• Hola, soy Pedro. • Son Carlos y Raúl. • ______ • ______
▪ Indicar cosas. (Ser + nombre)	• ¿Qué es? Es un videojuego. • ______
▪ Hablar de las relaciones entre las personas. (Ser + hermano, padre..., amigo/a, compañero/a...)	• Lucas es el primo de Andrea. • Marisa es mi compañera de instituto. • ______ • ______
▪ Describir personas, animales, cosas... (Ser + adjetivo / color)	• Mónica es alta. • Mi bicicleta es verde. • ______ • ______ • ______ • ______
▪ Hablar del carácter. (Ser + adjetivo)	• Mónica es habladora. • Mi hermano es vago. • ______ • ______
▪ Preguntar y decir **la hora**.	• ¿Qué hora es? • Son las tres menos veinte. • ______
▪ Decir la nacionalidad.	• Somos venezolanas. ¿Sois españolas? • ______ • ______
▪ Indicar la posesión. (Ser de + nombre)	• El diccionario es del profesor. • El coche es de mi madre. • ______
▪ Con cuál/cuáles, para pedir una información precisa.	• ¿Cuáles son tus cantantes favoritos? • ¿Cuál es tu asignatura favorita? • ______
▪ Precisar objetos, actividades, acciones, lugares, días...	• Mi regalo de cumpleaños es una mochila. • Madrid es la capital de España. • ______ • ______ • ______

2. **Escucha y escribe las descripciones. Luego localiza a los personajes: escribe los nombres en los recuadros.**

Esta actividad se puede realizar en tuaulavirtual

Pista 42

1 ....
2 ....
3 ....
4 ....

¿Qué hora es?

3. **Observa los relojes y escribe qué hora es.**

1  2  3  4  5 

1 ....
2 ....
3 ....
4 ....
5 ....

¿Cuándo es tu cumpleaños?

4. **Escucha y rodea las fechas. ¡Hay 4 intrusos!**

Esta actividad se puede realizar en tuaulavirtual

Pista 43

07/08	02/03	25/11
02/05	19/02	03/02
12/05	19/04	15/11

RECUERDA

MESES DEL AÑO

enero	julio
febrero	agosto
marzo	septiembre
abril	octubre
mayo	noviembre
junio	diciembre

Es de..., son de...

5. Forma frases como en el modelo.

	el profesor	*La tableta es del profesor* .
1	mi madre	.
2	el hermano de Lola	.
3	Maribel	.
4	mis abuelos	.
5	mi tío	.
6	el padre de Lucas	.

RECUERDA

de + el → del

6. Lee y ordena la conversación.

- *Pedro:* A mí también me gusta el deporte.
- *Pedro:* El baloncesto.
- *Pedro:* ¡Hola!
- *Valeria:* ¿Y cuál es tu deporte favorito?
- *Valeria:* ¡Genial! A mí también me gusta mucho.
- *Carlota:* ¡Hola, Pedro! Te presento a mis amigos. Este es Antonio. Y esta es Valeria.
- *Carlota:* Antonio es un compañero del instituto y Valeria es una amiga del equipo.

¿Qué es?

7. Escribe los nombres.

una manzana • unos archivadores • unos caramelos • unas pelotas • un bocadillo • un helado

1 ....
2 ....
3 ....
4 ....
5 ....
6 ....

¿De dónde son?

8. Estos chicos estudian español en el instituto. Completa los bocadillos con su nacionalidad.

	1	2	3

a

b

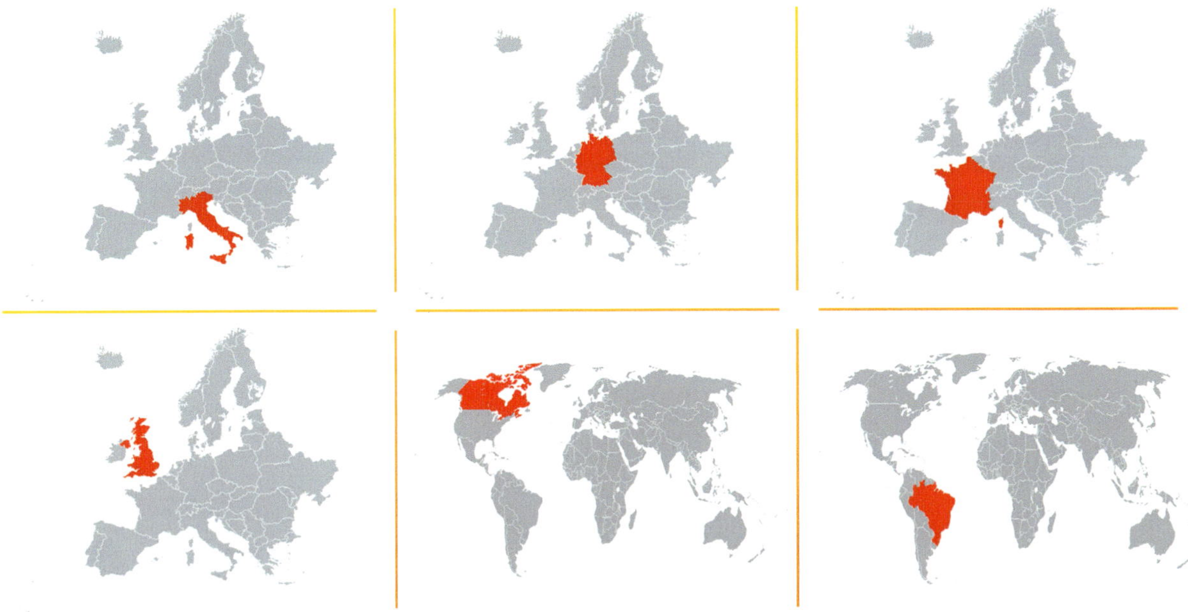

9. Une con flechas las frases y los adjetivos y escribe las formas del verbo ***ser***.

1 A Manuel no le gusta estudiar. ○	○ ______ trabajadores.
2 Mis perros juegan mucho. ○	○ ______ tímidas.
3 Tienes muchos amigos. ○	○ ______ vago.
4 Estudiáis dos horas después de clase. ○	○ ______ juguetones.
5 No hablamos mucho en clase. ○	○ ______ sociable.

El árbol genealógico

10. Observa el árbol genealógico y completa las frases con las formas del verbo *ser* y las palabras del recuadro.

mujer • padre • hermana • hijo • tíos • abuelos • primos

1 *Lola:* Me llamo Lola y ______ la ______ de Mateo.

2 *Mateo:* Hugo y Lucía ______ mis ______.

3 *Germán/Matilde:* (Nosotros) ______ los ______ de Lola, Mateo, Lucía y Hugo.

4 *Carmen:* Matilde, usted ______ la ______ de Germán.

5 *Matilde:* José, (tú) ______ mi ______ y el ______ de Hugo y Lucía.

6 *Germán:* Carmen y José, vosotros ______ los ______ de Lola y Mateo.

11. Escucha y encuentra el final de cada frase, como en el modelo.

Esta actividad se puede realizar en tuaulavirtual

Pista 44

	.... española.
	.... de Estefanía.
1	*Roma es la capital de* .... Italia.
	¿ .... este bolígrafo?
	.... muy simpáticos.
	¿ .... favoritas?
	.... interesantes.
	.... menos cuarto.
	¿ .... grande o pequeña?
	.... de Miguel.

• Estar

- El verbo estar se usa para situar en el espacio.

estoy	estamos
estás	estáis
está	están

12. Forma frases como en el modelo.

Sonia *está en la biblioteca.*

1 Tú ....

2 Tú y Pablo ....

3 Yo ....

4 Mis padres ....

5 Mi madre y yo ....

RECUERDA

13. Lee el cuadro **Recuerda** muy atentamente. Ahora, pon una hoja de papel sobre el cuadro y haz el siguiente ejercicio de memoria. Observa las fotos y escucha las frases. *¿Qué/Quién es?*

Esta actividad se puede realizar en tuaulavirtual

Pista 45

1 ....
2 ....
3 ....
4 ....
5 ....
6 ....
7 ....
8 ....
9 ....
10 ....

• Ser y estar

14. Observa las dos formas de preguntar y decir la fecha. Luego, escribe las fechas dos veces, la primera con ***ser*** y la segunda con ***estar***. Usa la información de los cuadros.

- ¿Qué día es hoy? = ¿A qué día estamos?
- Hoy es lunes 3 de marzo. = Estamos a lunes 3 de marzo.

1 martes	1 7	1 octubre
2 sábado	2 19	2 marzo
3 jueves	3 23	3 julio
4 domingo	4 30	4 noviembre

		SER	ESTAR
	2-1-3	*Hoy es sábado 7 de julio.*	*Hoy estamos a sábado 7 de julio.*
1	4-2-4		
2	3-4-1		
3	1-3-2		

AUTOEVALUACIÓN

Evalúa tus conocimientos

Fecha:

NIVEL ALCANZADO

Temas 21, 22 y 23

	Muy bien	Bien	Suficiente	Insuficiente
▪ Sé los usos del verbo *tener*, por ejemplo:				
•	☐	☐	☐	☐
•	☐	☐	☐	☐
•	☐	☐	☐	☐
•	☐	☐	☐	☐
▪ Puedo utilizar *tener que* para expresar obligación.				
• Hoy no salgo con mis amigos.				
....	☐	☐	☐	☐
• María no va a casa de Sara.				
....	☐	☐	☐	☐
• El sábado no chateo con Lola.				
....	☐	☐	☐	☐
• En el recreo no vais al patio.				
....	☐	☐	☐	☐
▪ Puedo utilizar *tener que* con verbos pronominales.				
• Tienes que lavarte. =	☐	☐	☐	☐
• Nos tenemos que sentar. =	☐	☐	☐	☐
• Tienen que acostarse a las diez. =	☐	☐	☐	☐
• Me tengo que vestir ahora. =	☐	☐	☐	☐
▪ Sé los usos de los verbos *ser* y *estar*, por ejemplo:				
•	☐	☐	☐	☐
•	☐	☐	☐	☐
•	☐	☐	☐	☐
•	☐	☐	☐	☐

Ve a tuaulavirtual para hacer las actividades de refuerzo.

tuaulavirtual
amplía tus conocimientos on-line

A1

MULTIPLATAFORMA

AULA DE GRAMÁTICA

Uso escolar

Una plataforma visible en cualquier dispositivo: PC, Mac, tablets, Android e iPhone.

Todas las actividades con audio son interactivas y se encuentran en la plataforma tuaulavirtual.

www.edelsa.es

24 Hablar del futuro: *ir a* + infinitivo

Voy a escribir un mensaje

1. Observa cómo se expresa el futuro y termina las frases con los verbos siguientes.

1 patinar

2 leer

3 escribir mensajes

4 montar en bici

5 comer

6 ir al cine

Este fin de semana (1) voy a patinar. Y, vosotros, ¿qué vais a hacer?

(2) Voy a leer. Y tú, Tere, ¿qué vas a hacer?

(3) Voy a ______ mensajes a mis amigas.

Mi hermano y yo (4) ______ ______ ______ en bici.

(Yo) (5) ______ ______ ______ en casa de mis abuelos y luego (6) ______ ______ ______ al cine.

RECUERDA

Presente del verbo IR

voy	vamos
vas	vais
va	van

2. Lee estas frases y, luego, completa el cuadro de las expresiones temporales.

El lunes vamos a jugar al baloncesto.

Este verano vais a ir a la playa.

Esta noche van a ver la tele.

Mañana vas a estudiar.

El jueves voy a navegar por Internet.

Esta tarde David va a pasear con su perro.

A las cinco voy a merendar con Sara.

El domingo Lorena va a tocar la guitarra.

***IR A* + INFINITIVO** se usa con las siguientes expresiones temporales:

- Esta mañana, ______, ______.
- Hoy, ______.
- A la una, a las tres y cuarto, ______... Este fin de semana.
- ______, el martes, el miércoles, ______, el viernes, el sábado, ______.
- Este invierno, ______.

3. Lee los gustos de cada persona y adivina qué va a hacer.

1 Julio	2 yo	3 Carlos y yo	4 Elena y Mar	5 tú	6 Beatriz y tú
el deporte	la música	las manualidades	los animales	el sol y el mar	la informática

1 El domingo *va a jugar al fútbol*.
2 Este fin de semana ______.
3 A las siete ______.
4 Mañana ______.
5 Este verano ______.
6 Esta tarde ______.

4. Lee la información y completa con las dos frases posibles, como en el modelo.

Cuando el infinitivo es un verbo reflexivo, los pronombres personales reflexivos pueden ir:

- Antes de ir. → *Me voy a sentar.*
- Después del infinitivo (una sola palabra). → *Voy a sentarme.*

RECUERDA

Los pronombres personales reflexivos

me	nos
te	os
se	se

	Antes de *IR*	Después del **INFINITIVO**
ducharse / nosotros	*Nos vamos a duchar.*	*Vamos a ducharnos.*
1 acostarse / yo		
2 vestirse / ellas		
3 lavarse / tú		
4 levantarse / él		
5 sentarse / vosotros		

5. Lee y escribe de nuevo las frases. Cambia la posición de los pronombres reflexivos.

1 ¿Vas a sentarte al lado de Borja? ......
2 La fiesta es genial, no se van a aburrir. ......
3 Mañana os vais a levantar a las siete. ......
4 Voy a ducharme después del partido. ......
5 Buenas noches, nos vamos a acostar. ......
6 Lorena va a vestirse para ir a una fiesta. ......

25 Hablar del pasado: el pretérito perfecto compuesto

He chateado con mis amigos

1. Lee las frases y completa el cuadro con las formas en presente del verbo ***haber*** y los participios.

- El pretérito perfecto compuesto se usa para contar acciones y actividades pasadas recientes.

A las cuatro, Borja y Rubén han jugado al baloncesto.

Este fin de semana, mi hermano y yo hemos jugado a la consola. No hemos salido.

Hoy he sacado un 9 en Inglés, es mi asignatura favorita. Y, vosotros, ¿qué nota habéis sacado?

¿Qué has comido esta mañana en casa de tus amigas?

Esta tarde, Lucía ha corrido en el parque con su hermano. Se ha divertido mucho.

Tú descubres la regla.

PRETÉRITO PERFECTO COMPUESTO

HABER (presente)	+	PARTICIPIO		
		▪ -ar → -ado	jugar	
			sacar	
		▪ -er → -ido	comer	
			correr	
		▪ -ir → -ido	salir	
			divertirse	

- Con un verbo reflexivo:
  Pronombre + *haber* + participio → *Te has divertido.*
- En la forma negativa:
  No + *haber* + participio → *No he hablado con Lorena.*

Los pronombres personales reflexivos (RECUERDA)

me	nos
te	os
se	se

2. Escribe los participios de estos verbos (todos son regulares).

corregir	cerrar	poder	hablar
1	6	11	16 ....
empezar	responder	dormir	beber
2	7	12	17 ....
venir	escuchar	estudiar	estar
3	8	13	18 ....
merendar	salir	entender	tener
4	9	14	19 ....
comer	repetir	correr	desayunar
5	10	15	20 ....

3. Ahora, relaciona estos participios irregulares con su infinitivo. Observa las letras verdes.

- *leer → leído*
  Se escribe con tilde (´).

ver ❍	❍ vuelto
escribir ❍	❍ escrito
volver ❍	❍ visto
abrir ❍	❍ hecho
hacer ❍	❍ abierto
decir ❍	❍ dicho

4. **Escucha y escribe los participios correspondientes. Luego, copia el participio adecuado en el bocadillo.**

Esta actividad se puede realizar en tuaulavirtual

Pista 46

1 ....
2 ....
3 ....
4 ....
5 ....
6 ....
7 ....
8 ....
9 ....
10 ....

El pretérito perfecto compuesto

5. **Conjuga los verbos reflexivos en *pretérito perfecto compuesto*.**

1 Sentarse (vosotros)
______.

2 Despertarse (tú)
______.

3 Vestirse (ellos)
______.

4 Peinarse (ella)
______.

5 Lavarse (yo)
______ los dientes.

6 Divertirse (nosotros)
______.

6. Lee de nuevo las frases de la actividad 1 y completa el cuadro de las expresiones temporales.

EL PRETÉRITO PERFECTO COMPUESTO

Se usa con las siguientes expresiones temporales:

- ____________, ____________, esta noche...
- ____________.
- A la una, a las dos menos cuarto, ____________...
- ____________, este mes, este verano, este invierno, este año...

7. Une con flechas las frases y las expresiones temporales.

1 Te has levantado. ❍	❍ Esta noche.
2 Nos hemos acostado. ❍	❍ A las nueve y cuarto de la noche.
3 Has ido a la playa. ❍	❍ Este fin de semana.
4 He comido con mis padres. ❍	❍ Esta mañana.
5 Habéis cenado. ❍	❍ Este verano.
6 Han salido con sus amigos. ❍	❍ A la una y media.

8. Ordena las palabras.

1 con / Esta / hablado / profesor. / tarde / he / el

....

2 cinco. / hecho / Hoy / deberes / hemos / los / a las

....

3 mañana? / te / ¿A / qué / levantado / esta / hora / has

....

4 de / ido / Malena / fin / ¿Habéis / a casa / de semana? / este

....

5 vuelto / Sonia / a / cinco. / ha / a casa / las

....

6 han / en / A / mis padres / restaurante. / las / dos / un / comido

....

9. **Transforma las frases. Cambia el sujeto.**

1 He llegado al instituto a las ocho.
Beatriz también ....

2 Habéis leído el texto.
Tú también ....

3 Pablo y Santi han escuchado música.
Nosotros también ....

4 Hemos escrito un correo electrónico.
Lola y tú también ....

5 Sonia ha visto el partido por la tele.
Yo también ....

6 He salido a las tres.
Mis amigos también ....

10. **Ahora, escribe los infinitivos correspondientes a los participios de los ejercicios 8 y 9.**

Infinitivos ej. 8	Infinitivos ej. 9

11. **Escucha y escribe las preguntas (P). Luego, responde (R) de forma negativa.**

Esta actividad se puede realizar en tuaulavirtual

Pista 47

1 P ....
R ....

2 P ....
R ....

3 P ....
R ....

4 P ....
R ....

5 P ....
R ....

6 P ....
R ....

Es domingo y son las 23:00 h. ¿Qué ha hecho Hugo?

12. Observa las fotos y ordena sus actividades.
Conjuga los verbos en ***pretérito perfecto compuesto***.

11:00

Esta tarde

17:00

10:15

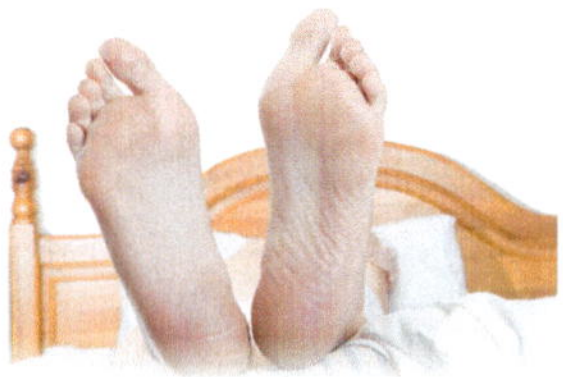
21:55

10:00

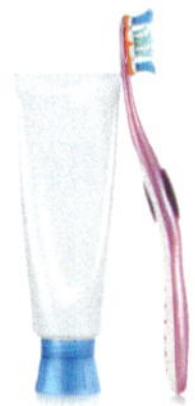
10:45

12:10

10:30

14:00

18:20 (con un amigo)

21:05

acostarse • montar en bici • lavarse los dientes • sacar a pasear al perro • jugar a la consola
merendar • despertarse • comer • tocar la guitarra • ducharse • desayunar • cenar

1 ....
2 ....
3 ....
4 ....
5 ....
6 ....
7 ....
8 ....
9 ....
10 ....
11 ....
12 ....

13. Conjuga los verbos en ***pretérito perfecto compuesto***.
Relaciona cada frase con su expresión temporal.

1 Ir (nosotros) ______ a la playa. ○	○ Esta mañana en el recreo.
2 No ir (yo) ______ al instituto. Es domingo. ○	○ Esta mañana.
3 Levantarse (Pedro) ______ a las siete. ○	○ Hoy.
4 Hablar (tú) ______ con tus compañeros. ○	○ Este invierno.
5 Comer (vosotros) ______ en el instituto. ○	○ Este verano.
6 Esquiar (mis padres) ______ en los Pirineos. ○	○ A las dos.

AUTOEVALUACIÓN

Evalúa tus conocimientos

Fecha:

NIVEL ALCANZADO: Muy bien · Bien · Suficiente · Insuficiente

Temas 24 y 25

- Puedo utilizar ***ir a*** + infinitivo.
  ¿Qué vas a hacer este fin de semana?
  - ....
  - ....
  - ....
  - ....
- Puedo utilizar ***ir a*** + infinitivo con verbos pronominales.
  - No nos vamos a aburrir. =
  - Vas a divertirte. =
  - Os vais a levantar a las ocho. =
  - Voy a peinarme. =
- Puedo utilizar el pretérito perfecto compuesto.
  ¿Qué has hecho hoy?
  - ....
  - ....
  - ....
  - ....
- Puedo utilizar los participios irregulares.
  - decir
  - escribir
  - hacer
  - poner
- Puedo utilizar el pretérito perfecto compuesto con expresiones de tiempo, por ejemplo:
  - ....
  - ....
  - ....
  - ....

Ve a tuaulavirtual para hacer las actividades de refuerzo.

tuaulavirtual

amplía tus conocimientos on-line

A1

MULTIPLATAFORMA

AULA DE GRAMÁTICA

Uso escolar

Una plataforma visible en cualquier dispositivo: PC, Mac, tablets, Android e iPhone.

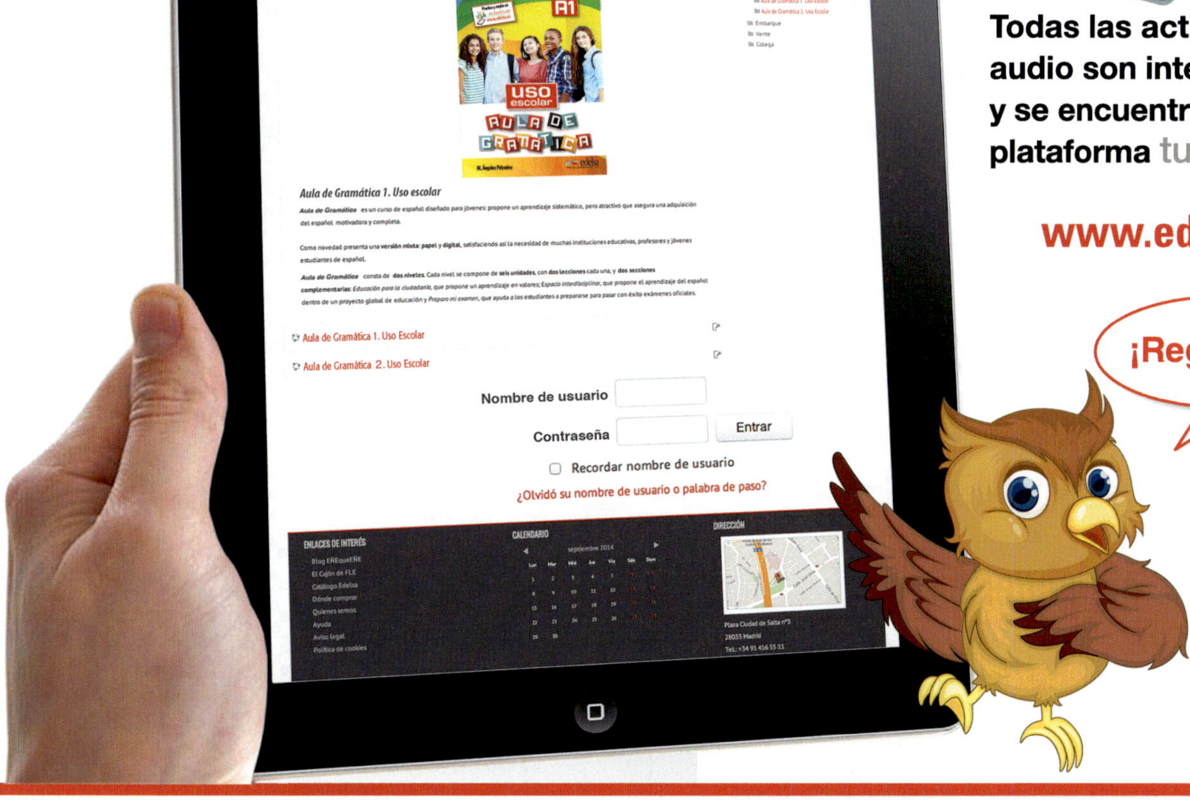

Todas las actividades con audio son interactivas y se encuentran en la plataforma tuaulavirtual.

www.edelsa.es

¡Regístrate!

26

La frase interrogativa

¿Estudias español?

Frases sin palabra interrogativa

1. Escucha y compara la entonación de las frases afirmativas e interrogativas.

Esta actividad se puede realizar en tuaulavirtual

Pista 48

1 Eres de Madrid.
¿Eres de Madrid?

2 Sonia tiene un blog.
¿Sonia tiene un blog?

3 Te gustan los animales.
¿Te gustan los animales?

4 Vamos a la piscina.
¿Vamos a la piscina?

5 Tenéis inglés a las tres y media.
¿Tenéis inglés a las tres y media?

6 Hablo con el profesor.
¿Hablo con el profesor?

2. Escucha de nuevo y repite las frases.

- Tienen la misma estructura que la frase afirmativa, pero la entonación es diferente.

3. Ahora, escucha y marca con una ✘ la frase oída.

Esta actividad se puede realizar en tuaulavirtual

Pista 49

1
- ☐ Es el perro de tu hermano.
- ☐ ¿Es el perro de tu hermano?

2
- ☐ Los alumnos están en el patio.
- ☐ ¿Los alumnos están en el patio?

3
- ☐ Yolanda vive en el centro.
- ☐ ¿Yolanda vive en el centro?

4
- ☐ Tienes un sacapuntas.
- ☐ ¿Tienes un sacapuntas?

5
- ☐ Escuchamos el CD.
- ☐ ¿Escuchamos el CD?

6
- ☐ Practicas actividades extraescolares.
- ☐ ¿Practicas actividades extraescolares?

Las frases interrogativas llevan:
- ¿ al comienzo, y ? al final. → *¿Tu cumpleaños es el 10 de enero?*

Frases con palabra interrogativa

- Todas las palabras interrogativas llevan tilde (´).

¿Quién, quiénes?
¿Dónde?
¿Cuándo?
¿Cuántos, cuántas?
¿Cómo?
¿Qué?
¿Cuál, cuáles?

• ¿Quién, quiénes?

Se usan para pedir información sobre personas.

- Normalmente, se usa ¿quién? para el singular y el plural:
  –¿Con quién vas al instituto? –Con mi hermano.
  –¿Con quién hablas en el recreo? –Con mis compañeros.
- ¿Quiénes? se usa con el verbo ser para identificar a varias personas.
  ¿Quiénes son los chicos al lado de Rosa? –Son sus primos.

4. Escribe los números de las preguntas en los bocadillos correspondientes.

1 ¿Quiénes son estos chicos? 2 ¿Con quién hablas? 3 ¿Para quién es este regalo?
4 ¿A quién vas a invitar a tu fiesta? 5 ¿De quién es ese perro?

5. Escribe las preguntas.

1 ....
Esos chicos son los nuevos alumnos.

2 ....
Hemos hablado con el entrenador.

3 ....
La bicicleta azul es de mi padre.

4 ....
En el patio he visto a Marisol.

5 ....
Este CD es para un amigo. Mañana es su cumpleaños.

¿Quién? puede ir con preposiciones.

- a: *¿A quién escribes?*
- de: *¿De quién es este libro?*
- con: *¿Con quién vamos a la piscina?*
- para: *¿Para quién es el e-mail?*

¿Dónde?

6. **Observa las preguntas y las respuestas y luego une las frases con flechas para indicar los usos de *¿dónde?* Escribe el número del diálogo correspondiente en los cuadros ▢.**

1

2

3

4

5

6

¿Adónde? indica ○	○ el lugar. ▢ ▢ ▢
¿De dónde? indica ○	○ el origen. ▢ ▢
¿Dónde? indica ○	○ el destino. ▢

RECUERDA

de + el → del

Venimos del patio.

¿Dónde? puede ir con preposiciones.

- a + *dónde* → adónde

una sola palabra:

¿Adónde vas?

¿De dónde vienes?

7. **Completa las preguntas con *Dónde*, *Adónde* o *De dónde*.**
Luego, escucha y escribe las respuestas debajo de la pregunta correspondiente.

Esta actividad se puede realizar en tuaulavirtual

Pista 50

1 ¿...................... escribimos las frases?

....

2 ¿...................... es Rafa Nadal?

....

3 ¿...................... van los alumnos a las once y cuarto?

....

4 ¿...................... lee usted?

....

5 ¿...................... está José?

....

• ¿Cuándo?

Se usa para preguntar sobre el momento de una acción.

Las respuestas pueden ser:

- una fecha: *el 15 de mayo, el 3 de octubre...*
- un día: *hoy, mañana, este fin de semana, el lunes, el martes...*
- una parte del día:
  para una acción puntual → *esta mañana, esta tarde, esta noche.*
  para una acción habitual → *por la mañana, por la tarde, por la noche.*
- una hora: *a las tres, a las cinco menos diez...*
- un mes: *en enero, en febrero...*

8. **Une con una flecha las dos partes de cada pregunta.**
Luego, indica la respuesta que responde a cada pregunta. (Escribe el número).

1 ¿Cuándo van a venir ❍	❍ tu perro?
2 ¿Cuándo tienes los resultados ❍	❍ las vacaciones?
3 ¿Cuándo paseas con ❍	❍ tus amigos?
4 ¿Cuándo ha llegado a clase ❍	❍ del examen?
5 ¿Cuándo empiezan ❍	❍ Beatriz?

Respuestas

- [ ] A las diez, ¡siempre llega tarde!
- [ ] El 27 de junio.
- [ ] Esta tarde. ¡Voy a sacar un 10!
- [ ] El sábado, es mi cumpleaños.
- [ ] Por la tarde.

• ¿Cuántos, cuántas?

> Se usan para preguntar sobre la cantidad.
>
> - Cuántos + nombre masculino plural
>   *¿Cuántos años tienes?*
> - Cuántas + nombre femenino plural
>   *¿Cuántas alumnas hay en tu clase?*

9. **Esta es la habitación de Marta. Completa con *Cuántos* o *Cuántas*. Luego, contesta a las preguntas.**

1 ¿ ______ libros tiene Marta? ______
2 ¿ ______ cojines hay sobre la cama? ______
3 ¿ ______ tortugas tiene? ______
4 ¿ ______ deportes practica? ______
5 ¿ ______ lenguas extranjeras estudia? ______

• ¿Cómo?

10. **Observa las preguntas y las respuestas. Luego, une las frases con flechas para indicar los usos de *cómo*. Escribe el número del diálogo correspondiente en los cuadros.**

1

2

3

Con el verbo *ser* para ❍	❍ el nombre.
Para preguntar ❍	❍ describir personas, animales y cosas.
Con el verbo *ir* para ❍	❍ indicar un medio de transporte.

11. Escucha y escribe las preguntas correspondientes para estas respuestas.

Esta actividad se puede realizar en tuaulavirtual

Pista 51

1 .... Es bajo y tiene los ojos azules.
2 .... Es muy graciosa.
3 .... Elena.
4 .... En bicicleta con mi hermano.
5 .... En autobús con nuestro profesor.

¿Qué?

12. Lee los diálogos y copia las preguntas con *qué* en el cuadro.

¿**Qué** + verbo? → para pedir información sobre acciones.	¿**Qué** + nombre + verbo? → para seleccionar una acción, una cosa... de un grupo.

¿Qué? puede ir con preposiciones.

- *¿A qué hora te levantas?*
- *¿De qué color es tu bici?*
- *¿En qué calle vives?*

13. **Completa las preguntas con los verbos y los nombres del recuadro.**

hay • buscan • has escrito • cantantes • hora • ciudad

1 ¿Qué ______ los alumnos en Internet?
2 ¿En qué ______ viven tus abuelos?
3 ¿Qué ______ te gustan?
4 ¿Qué ______ en tu habitación?
5 ¿Qué ______ en tu cuaderno?
6 ¿Qué ______ es?

RECUERDA

¿Qué hay...?

Se usa para preguntar por la existencia de cosas.

–¿Qué hay sobre la mesa?
–Hay libros y un ordenador.

14. **Escribe las preguntas correspondientes. Usa el vocabulario del recuadro.**

piso • asignaturas • día • hora • color • animales

1 ....
Estudio Matemáticas, Inglés...

2 ....
Iván se levanta a las siete y media.

3 ....
Vivo en el séptimo.

4 ....
Mi mochila es roja.

5 ....
Me gustan los perros y los gatos.

6 ....
Mi cumpleaños es el dos de enero.

• ¿Cuál, cuáles?

Se usan para pedir una información precisa.

- ¿Cuál *es* + nombre singular?
- ¿Cuáles *son* + nombre plural?

15. Escribe la letra de las respuestas en los cuadros.

1 ¿Cuál es tu número de móvil?
2 ¿Cuáles son tus colores favoritos?
3 ¿Cuál es tu dirección?
4 ¿Cuál es tu deporte favorito?
5 ¿Cuáles son tus asignaturas favoritas?
6 ¿Cuáles son tus apellidos?

16. Comprueba tus conocimientos sobre España. Contesta a las preguntas. Usa Internet para comprobar tus respuestas.

España

1 ¿Cuál es su capital? ______.
2 ¿Cuál es su superficie? ______.
3 ¿Cuáles son sus 2 mares y su océano? ______ ______ ______.
4 ¿Cuál es su moneda? ______.
5 ¿Cuáles son los dos colores de su bandera? ______ ______.

27 La frase negativa

No he visto la película

1. Lee las frases anteriores y observa la posición del adverbio de negación *no*. Luego, une las frases con flechas.

Si el verbo tiene un pronombre ❍		❍ antes del verbo.
En pretérito perfecto ❍	❍ el adverbio no va ❍	❍ antes del pronombre.
En **presente** ❍		❍ antes de *ir*.
En *ir a* + infinitivo ❍		❍ antes de *haber*.

¡No, no y no!

2. Transforma las frases afirmativas en negativas.

1 Tienes correo electrónico.

....

2 Esta tarde vamos al parque con el perro.

....

3 Pedro y David llegan al instituto a las ocho menos diez.

....

4 Vamos a ver el partido de fútbol.

....

5 Esta tarde voy a llegar a las cinco a casa.

....

6 Este verano vais a ir a la playa.

....

7 Has terminado los deberes.

....

8 Esta mañana he hablado con Sonia.

....

9 El autobús ha llegado a las dos y media.

....

10 Me gusta tocar la guitarra.

....

3. Ordena las palabras.

1 tiene / hermanos. / no / Rubén

....

2 acostado / tarde. / No / hemos / nos

....

3 va / Beatriz / concierto. / al / no / a / ir

....

4 amigos. / has / tus / No / hablado / con

....

5 le / A / animales. / no / los / Pedro / gustan

....

6 no / Hoy / sentado / de / me / Pedro. / he / al lado

....

7 a las / empiezan / Hoy, / nueve. / clases / no / las

....

8 la / ver / amigos / película. / no / a / Mis / van

....

9 al / gusta / No / fútbol. / me / jugar

....

10 hemos / ejercicio / vocabulario. / hecho / de / No / el

....

- Para contestar de forma negativa a una pregunta:

  –¿Has llamado a Lola?
  –No, no he llamado a Lola.

4. Escucha y escribe las preguntas (P). Luego, responde (R) de forma negativa.

Esta actividad se puede realizar en tuaulavirtual

Pista 52

1 P ....
R ....

2 P ....
R ....

3 P ....
R ....

4 P ....
R ....

5 P ....
R ....

6 P ....
R ....

- Acuerdo con una frase negativa

  No he hablado con Lucas. → Yo tampoco.
  No me gusta el baloncesto. → A mí tampoco.

- Desacuerdo con una frase afirmativa

  He hablado con Lucas. → Yo no.
  Me gusta el circo. → A mí no.

Yo tampoco. A mí tampoco. Yo no. A mí no

5. Expresa acuerdo o desacuerdo con ***Yo tampoco. A mí tampoco. Yo no. A mí no.***

Acuerdo

1 Hoy, mis amigos no han salido.
2 Inés no va a escuchar música.
3 A Carlos no le gustan las arañas.

Desacuerdo

4 Iván llega a las ocho al instituto.
5 A mi madre le gusta nadar.
6 Mañana Patricia va a patinar.

6. Escribe las frases en los bocadillos grandes y las respuestas en los bocadillos pequeños.

No tengo el teléfono de Elena. • No me gusta este libro.
He terminado el ejercicio. • Me gusta esta página web.

Yo no. • A mí tampoco.
Yo tampoco. • A mí no.

AUTOEVALUACIÓN

Evalúa tus conocimientos

Fecha:

Temas 26 y 27

NIVEL ALCANZADO

	Muy bien	Bien	Suficiente	Insuficiente
Puedo formar frases interrogativas.				
Con *quién, quiénes*.				
Con *qué*.				
Con *dónde*.				
Con *cuándo*.				
Con *cómo*.				
Con *cuántos/cuántas*.				
Con *cuál es/cuáles son*.				
Puedo formar frases negativas.				
En presente.				
En pretérito perfecto.				
Con *ir a* + infinitivo.				
Con *querer* + infinitivo.				
Con *gustar*.				

Ve a AulaVirtual para hacer las actividades de refuerzo.